하루하루
행복詩作
365

하루하루 행복 詩作 365

밤비 박영식 생활시집

시작(詩作)이 시작(始作)이다.

엄마와 저자

자칭 생활시(生活詩) 달인이랍니다. 생활이 곧바로 시입니다. 어려운 코로나19시기, 언택untack 온택ontack 시대에, 시콕, 술콕, 집콕 하면서 나를 낮추고 비웠습니다.
여자는 출산, 남자는 출판이라고 궁시렁대면서, 시인은 평생 현역으로 자존심 지킬 수 있다면서, 남들은 다소 지루할지언정, 나름 삼백육십오여 편의 한과 흥을 그리고 혼을 자아냈습니다.
공자의 '사서오경' 시경(詩經)에는 305편이 기독교 '구약성서' 시편(詩篇)에는 150편이 있습니다.

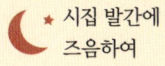 시집 발간에 즈음하여

　밤비의 '권거니자커니' 첫 번째 시집에는 35편이 있고, '그러할진대' 두 번째 시집에는 259편이 있으며 '하루하루 행복 詩作 365' 세 번째 시집에는 365편이 있습니다. 과거의 시경, 시편과 제 시집과 비교하지 말고요, 최근 몇 년 동안 그나마 솔직담백하게 토해냈습니다.
　독자님들의 삶을 읊조리는데 조금이나마 도움이 되었으면 합니다. 그동안 고집불통 밤비를 격려해주신 가족, 친지, 이웃, 지인분들과 이번 출판에 힘을 보태주신 장광팔, 이종수, 김선규, 홍경석, 윤성은 님께 깊은 감사의 말씀을 전합니다.

2023년 2월에 밤비 드림

그대는 생활시인, 웃픈詩

박영식 생활시인의 詩는 雅號 그대로 밤비이다.
객쩍게 추적추적 내리는 밤비 같은 시를 쓴다.

재담에서 쓰는 동음이어와 이음동어 등 글자 유희를 자주 사용하여 유머러스하면서도 괜히 멀쩡한 사람을 건드려 가슴을 적시니 그의 시는 웃픈詩이다.

뺀들뺀들 계산된 시어가 아니면 어떠랴?
58년 개띠 사내가 기생오라비 같은 시를 써서 어디에 쓰겠는가?

그의 시어는 날것이라 날로 먹는다.
덜 익어 메주 냄새가 풀썩 나는 고추장에 찍어야 제맛이 날 횟감 같다. 그런 시들이 야생화처럼 그의 시집 속에서 삐죽 고개를 내민다.

박영식 시인의 詩는 미나리이다.
끈질긴 생명력으로 아무 데서나 잘 자라고, 잘라내도 또 자라는 원더풀 미나리이다.

영화 '미나리'만 아카데미상 감이 아니다,
박영식 시인의 삶도, 그의 詩도 아카데미상 감이다.

제도권에서 박영식 시인이 수상을 할리는 만무하다. 그래서 그가 서울에 올라가면,
광팔이 엉아가 수상이 아니라, 술상을 받아주려 한다.
밤비 내리는 주막에서 대작하며 수작을 부리고 싶다.

2023년 만남을 천담으로

장광팔 시인·만담보존 회장·남예종 초빙교수

추천사

술집에 걸어놓고 뭇사람들에게

"산은 산이요 물은 물이로다."
성철스님 말씀처럼 단순하면서 심도 있는 얘기를 잘한다.
늘 재미있는 아우다.

"엉아, 예술이 왜 예술인지 압니까?"
"너 술 먹을 줄 알아?" "예." 그래서 예술이란다.

"발명가는 상상력이 필요하기 때문에 시인이 되어야 한다."
에디슨이 한 얘기다. 왜일까? 밤비 박영식 생활 시인도 발명가처럼 보인다.

하루하루 생활에 대한 깊은 고요함 순수함이 철학적 사고로 가슴에 여울지며 뭉클한 공감을 자아내는 진솔한 시편들이 이른바 '생활시'의 본보기가 아닐까 싶다.

밤비의 시집을 읽다 보면 누군가의 일기장을 엿보는 것과 같은 느낌을 들 때가 있다.

때론 삶에 대해 잔잔한 산문으로 적어 놓은 것 같은 느낌을 갖게 한다. 은근살짝 다시 읽고 싶어진다.

내가 해인사 자비원에 '반야심경' 서예 서각 작품을 놓았듯이 밤비 시 몇 편을 가까운 술집에 걸어놓고 뭇사람들에게 감상케 하고 싶다.

2023년에

이종수 덕산 예술원장·서예서각 40여년 작품활동 및 후배 양성

추천사

진정한 생활시인

　삶의 이력이 독특한 괴짜 공무원출신 괴짜 예술인답게, 생애 세 번째 시집도 꼬박 1일 1편의 생활시, 1년 365편의 감정을 놀랍도록 세밀하게 토해냈네요.

　글로벌 닉네임(Cnalpark) 글로벌 심벌(lwl)처럼, 크게 넓게 밝게(Large wide lightly) 서정의 촉촉함을 본인이 얘기한 '뚝딱시', '알통시', '생활시'를 절제된 표현으로 집중몰입했네요.

　제가 감히 말씀드린다면 밤비 시인님은, '천재시인', '음유시인', '해학시인', '유머시인', '생활시인' 5대 시인으로 손색이 없네요.

엉뚱함과 순수함으로 세상을 향해, 인간사 애증을 고뇌하고 노래하면서 향기를 뿜어내고 있네요.

또한 한과 흥을 구구절절 삼백육십오일, 술과 함께 시름을 덜면서, 체험한 산전 수전 공수전 지하전을 낱낱이 던졌네요.

그야말로 자유로운 영혼인 밤비님의 '하루하루 행복詩作 365'를 온누리에 적극 추천하고자 합니다.

2023년 2월에

김선규 목원대 겸임교수, 한국여성경제인협회 전문평가위원, ㈜휴테크 대표이사

추천사

목척교 생활처럼 벌창하는 생활詩

전대미문의 코로나19사태가 쓰나미로 급습하면서, 우리의 소중한 일상을 철저히 파괴했다.

사랑하는 가족은 물론이요, 절친한 친구와 술 한잔 나누는 것조차 사치로 간주하기에 이르렀다.
어찌어찌 힘들게 만나 주점에 가도 코로나 방역 강화라는 미명하에 자행된 영업시간 단축 때문에 눈치 보며 마시다 말고 쫓겨나기도 다반사였다.

세상살이가 당최 재미가 없다. 우울증은 눈사태처럼 커졌다. 이런 때는 밤비 박영식 시인의 '그리움' 시처럼 포개져 있는 절인 깻잎을 떼어주는 사이와 삼겹살에 상추쌈을 한 입 싸주는 사이가 더욱 간절하게 그리운 법이다. 여기에 팔이 닿지 않는 등 때를 주욱주욱 밀어주는 사이와 심신이 피곤할 때 무릎베개로 낮잠 재워주는 사이라고 한다면 이게 바로 금상첨화다.

들랑날랑 부침의 인생 언어를 시처럼 낭송해주는 책이 나왔다. 와신상담 집필에 몰두하던 박영식 시인이 마침내 야심작을 냈다.

박영식 시인의 책을 보면 만날 땡그렁(생활이 넉넉하여 만사에 걱정이 없음을 일컫는 말)의 기분으로 치환된다.

여전히 울적한 코로나 시대이다.
목척교 생물처럼 맑고 청량함으로 감동과 행복감이 벌창하는 박영식 생활 시인의 신간을 추천한다.
2023년에

홍경석 월간 '청풍'·논설위원·기자·작가

추천사

세상을 밝혀주는 촛불이 되길

어느 날 삶에 대한 회의가 느껴질 때 나는 누구인가?
나는 어디서 무엇을 하고 있는가?
어디를 향해 걸어가고 있는가?
난 여태 무엇을 이루고 살고 있는가?

머리를 짓누르는 삶의 회의의 시기에 시골집에서 낡기도 하고 오래된 시 한 편을 만난다.
고르디아스의 매듭을 푸는 속이 시원하고 신선하고 솔직하고 담백한 삶의 여정 시를 만나게 되었다.

오아시스 같기도 하고 상쾌한 시골 고목나무 아래의 정자에서 마시는 막걸리 맛이 느껴지는 그런 영상이 그려지는 시냅스를 본 듯한 그런 시를 읽고 밤새 또 읽고, 그 시인을 찾았다. 그리 쉽게 찾아지지는 않아 애를 태우고 그의 시집을 다 읽고, 느낀 평을 쓰고 1년 동안 잊은 적이 없다가 우연히도 그분을 찾았다.
그런 후 만남에서 시상을 알게 되었고, 그의 시는 나의 삶에 큰 영향력을 받게 되었다.

그의 시는 한없이 어렵다가도 한없이 어리석은 것 같기도 하고 삶의 활기를 주다가도 또 삶을 포기한 노후의 체념을 토하듯 하고 세상을 향해 짖기도 하고 포효하기도 했다.

그러면서 그의 인격도 또한 육십여 년의 세월을 살아 버티는 모습도 목도하게 된다. 점점 박수를 치고 응원을 하게 되고 기도를 하게 된다. 그를 위한 작금의 현상에서 시가 탄생하는 환경을 만들어 달라고~, 그래서 세상을 비웃는 듯한 그의 시가 세상을 밝혀주는 촛불이 되길~.

양쪽 귀 사이에 위치한 3파운드짜리 우주인 뇌가 맑고 쾌청했으면 하고 바래본다.

박영식 시인의 시상을 맘껏 펼치고, 그 누구에게도 흔들리지 말고, 인생을 제멋대로 걸어갔으면 한다.

누군가에게 청량한 음료수가 되는 그런 生活詩人이 되기를 읊조리며 오늘도 그의 詩를 기다리는 누군가가 있다는 희망을 품고 자신의 날개를 펴기를 바래본다.

2023년에

윤성은 사회복지사·심리상담사

★목 차

시집 발간에 즈음하여 ……………………………… 4

• 추천사

장광팔 그대는 생활시인, 웃픈詩 ……………… 6
이종수 술집에 걸어놓고 뭇사람들에게 …………… 8
김선규 진정한 생활시인 ………………………… 10
홍경석 목척교 생활처럼 벌창하는 생활詩 ………… 12
윤성은 세상을 밝혀주는 촛불이 되길 …………… 14

• 생활시(生活詩) 365편

1. 하루가 백일이 되고(1~100) ……………………… 19
2. 이백일로 거듭나고(102~200) …………………… 129
3. 삼백일 버티니 묘각(201~300) …………………… 237
4. 삼백육십오일 지나 새해맞이(301~365) ………… 249

세부 목차 〈붙임〉 찾아보기 ……………………… 454

• 심심시(心心詩)   425

메타버스포엠 / 디카시 / 한영혼용시 / 사언절구 /비교희극시

• 詩酒友 관련어록   449

• 편집후기   453

하루하루
행복 詩作
365

나를 채찍질하는 '시라쓰니'로, 하면 되겠다 하고
시를 날갯짓하는 '詩라쓰니'로,
한참을 껄껄껄.

La Mare Aux Canards (1875), Alfred Sisley (French, 1840–1899)

1

하루가 백일이 되고

001-100

삶의 여정

어제는 어른거리네,
열심히 살은 그 잔상이,
땅에 묻히네 地.

오늘은 오네,
착실히 살고자 어김없이,
인간답게 행하네 人.

내일은 내려오네,
힘차게 살으라고 희망 안고,
하늘이 돕네 天.

어제 오늘 그리고 내일,
자연의 선물,
천지인(天地人) 삶의 여정.

내고향 대전

태생고향 대전 오류동,
그때는 엄마가.

성장고향 대전 용두동,
그때도 아빠가.

지금고향 대전 갈마동,
지금은 그대가.

내고향 대전,
장소에 얽매이지 않습니다.

내나이 노말(老末)

기역에서 히읗까지 14년,
인생초년 까꿍까꿍 듣고 걸음마 하면서,
기초부터 차근차근 배웠네요.

에이부터 제트까지 26년,
인생청년 직장 다니면서 장가가고,
다양하게 외국문화도 접하면서 왕성했네요.

알파에서 오메가까지 24년,
인생장년 올해 65세 직장을 숙성시키면서,
수많은 남녀노소와 인연을 맺었네요.

육육부터 구구까지 남은 34년,
인생노년 인생말년 건강 잃지 말고,
웃음과 희망을 지속하면서 말끔하게 정리해야겠네요.

내가 사는 법, 칠법

삼시세끼 챙기며 소식하면서
              맛깔나게 먹는 식사법,
기분 좋게 얘기하며 읊으면서,
              적당량 마시는 음주법,
사시사철 우아하게 입으면서
              슬며시 뽐내는 착용법,
긍정과 희망으로 응하면서,
              포근히 미소짓는 대화법,
시절인연 희망인연 기대하면서,
              정중히 사귀는 인연법,
이따금 깊숙하게 들이쉬면서,
              길게 내뿜는 호흡법,
모든 것을 즐겁게 내려놓으면서,
              편안히 자는 수면법.

김이박(金李朴)

김립 김삿갓 19세기 탄생,
이백 이태백 8세기 탄생,
밤비 박영식 20세기 탄생,
허허 서로 닮아도 너무 닮았구려.

현세에 범인(凡人)으로부터 버림받아,
그로 인해 방랑이 깊어지고,
그리하여 자연스레 풍류와 술로 달랬고,
그러나 남자다운 기개와 의로움은 영원토록 지켰구려.

술이술이 주태백은 1,100여 편이 현존,
하늘 보기 싫은 사연 삿갓은 480여 편이 현존,
우중필주(雨中必酒)하는 밤비는 660여 편 현존,
그래서 시선(詩仙)들이 되었구려.

33人 酒立宣言書

65세 고령층이 가까이 다가옴에,
독립준비 고독연습이 필요함에 장고했노라.

나 혼자 독립은 너무 외롭다고 판단,
앞으로 나와 '수리술이마술이'로 고독 면피할,

'33인 주립선언서'를 작성했노라.
'33인 독립선언서'를 본떴노라.

유공자 대상 선정에 어려움을 겪었노라.
살면서 인연 맺은 뭇사람 중에서 찾았노라.

내가 외로우니 웬만하면 유공자로,
몇 번 거르고 걸러 내 인생노트 한페이지에,

남은 여생 이 선언서에 포함된 33인,
그들과 함께하리라.

이심전심 회통융합

삼십 년 거주하는 아파트 수요 장터를,
이제야 알게 된 싸나이 무관심.

갓 나온 짧은 턱수염으로 가려운 손등을,
아주 편하게 긁는 느긋함.

넓디넓은 바다에서 새우로 도미를,
유유자적하며 낚는 여유로움.

많고많은 경험에서 얻은 작은 날갯짓을,
엄청난 나비효과로 발현하는 지혜로움.

작은미끼를 던져 넉넉한 승리를,
편안하게 가져오는 슬기로움.

벽돌을 던져버리고 귀한 옥을,
흠씬 끌어오는 포전인옥(抛磚引玉) 겸손함.

세월의 무관심 느긋함 여유로움을,
삶의 지혜로움 슬기로움 겸손함을,

멋지고 하나뿐인 공전절후(空前絶後) 유일한 존재감을,
생활시(生活詩)로 이심전심하면서 회통융합(會通融合).

예지몽(豫知夢)

하루종일 미움이 사무쳤구려.
봄여름갈결 원한이 맺혔구려.
평생동안 그리움이 절절했구려.

뼛속까지 훈훈하게 내려놓으려고,
소우주를 편히 보듬어 주라고,
대우주를 미리 껴안아 보라고,

그러니 동녘 해오름노을처럼 붉디붉네요.
그러하니 서녘 해짐노을처럼 이글거리네요.
그가 내려와 예지몽 선명하게 꾸어주네요.

쏘 쏘

친구여,
이제 한가위 막 지났는데,
벌써 보고싶쏘,
마냥 기다리겠쏘.

이웃이여,
이십이 년 가족 살리며 장사했는데,
그만둔다니 시원섭섭하겠쏘,
무얼 다시 걸음마하겠쏘,

그대여,
세상이 이토록 각박해졌는데,
국악 진양조장단처럼 느긋하게 신나게 읊겠쏘,
우리 서로 짐방지게 그리 살겠쏘.

님이시여,
내가 좋아하는 생선 오종 세트 있다는데,
회 젓갈 구이 무침 탕 푸짐하게 먹겠쏘,
여행 가서 쐬주와 함께 흥청망청해 보겠쏘.

새로움을 위하여

옛 조직에서 버려진 수많은 세월
이 또한 새로운 기회를 얻기 위함이다.

옛 주머니에서 잃은 너절한 재화,
이 또한 새로운 선물을 득하기 위함이다.

옛 세월에서 짓누른 고통의 공간,
이 또한 새로운 배움을 맞이하기 위함이다.

옛 무리에서 배신당한 갈기갈기 시간,
이 또한 새로운 만남을 도전하기 위함이다.

왕버들 아래서

왕버들 무더위 쉼터에 걸터앉은
돈줄 막힌 허울 좋은 집안 우두머리,

늘어트린 열두 줄 가야금 선율로
가출한 도시민 땀방울 식혀주네.

젊어선 '피그말리온 효과'로
칭찬받고 으시대며 살아왔건만,

늙어선 '스티그마 효과'로
낙인찍혀 집구석도 들어가기 쉽지 않네.

오늘도 내일도 도심 속 우뚝 뻗어내린
수령 150년 버들버들과 친한 척하니,

늙어서 잠시 길을 잘못 밟은
수령 60여 년이 된 나의 심신 달래주네.

시통소통(詩通疏通) 공간

서로 서로,
표현, 공감, 소통하려고 애쓰지요.

옛날에는 대면대화, 모임, 손편지로,
요즈음은 유튜브, 플랫폼, 카톡으로 다양하네요.

멋진 가을 사색하다가 은행알을 밟았는지,
재래식 해우소 거시기를 밟았는지,
적절한 표현공간이 중요하지요.

팍팍한 도심일지라도,
찻집, 주점, 심야미팅장소 등등,
아담한 공감공간이 필요하지요.

진솔한 마음과 창작. 개성을 담아,
인생을 한 편의 시(詩)로 주고받는,
시통소통 공간이 절실하옵니다.

생활시꾼 '詩라쓰니'

뉘 소개로 오늘 처음 만나 웃고 즐기고 마신,
어느 오십대 아우가 나를 흠껏 보더니,

백년 전 태어나 그 시대를 풍미(風靡)했던,
모두가 두려워하고 존경한 독불장군 싸움꾼,

'시라소니'를 왠지 닮았다고 별명 지어주네.
뉘보고 너도 그렇게 생각하니 했더니,
그래 뭔지 그 드라마 속의 그 인물과 닮았네 하네.

갸우뚱갸우뚱 집으로 가면서 별명에 빠지네.
'하루하루 행복詩作 365'이라는 1년 365편이,
담길 시집을 준비하는 즐거움으로 살고 있는
자유로운 영혼 생활시꾼,

나를 채찍질하는 '시라쓰니'로,
하면 되겠다하고 시를 날갯짓하는 '詩라쓰니'로,
한참을 껄껄껄.

사과와 토마토

무엇이 될꼬???
사과는 과일, 토마토는 과일 같은 채소이다.

어떻게 살꼬???
사과는 겉과 속이 다른 색, 토마토는 같은 색이다.

어찌 버틸꼬???
사과는 나무에 달렸고, 토마토는 줄기에 달렸다.

어디로 갈꼬???
사과 축제는 우리나라 여러 마을에서, 토마토 축제는
스페인 부뇰에서 열린다.

무얼 먹을꼬???
둘 다 영양덩어리란다.

토마토부터 사과까지
갈등의 연속이다.

묵언정진

냉랭한 사회 냉혹한 현실 앞에서
냉철한 판단이 필요한 시기이다

돈에 좀 시달리면 어떠리
마음고생 좀 더하면 어떠리
몸뚱어리 좀 고되면 어떠리
하고자 하는 일이 좀 더디면 어떠리

궁극적으로 그 길을 가기 위하여는
늦기 전에 인생 즐길 줄 알아야 하고

당장 가슴이 먹먹하고 내장이 에려도
구차하게 인생 구걸하지 말고

참모습으로 살고 가치있게 살고
묵언정진(默言精進)하면서 기다릴 줄 알아야 한다

화양연화(花樣年華)

꿈꾸면서,
흰소리 치지 말고,
쏟아내야 합니다.

준비하면서,
가라지 가려내며,
노력해야 합니다.

기다리면서,
응어리 뽑아내며,
몰입해야 합니다.

다가가면서,
어두움 거둬내며,
화양연화 합니다.

나 자신의 소야곡

스스로 강한 척하며,
뭇사람과 종일토록 얘기하건만,
집에 와 조용히 생각하건대,
너무나 나약한 지푸라기라네.

의리와 믿음을 인생철칙으로,
엄청난 손해를 감수했건만,
앞서가는 시간과 세월이 말씀컨대,
평생 배움의 끈을 놓지 않으면 된다네.

무척이나 인간관계 중요시하며,
인내와 포용으로 최선을 다하건만,
하늘땅과 바람구름에게 물어보건대,
아직도 자존심을 더 낮추라네.

대청호

마음이 헛헛했는데,
동행 아우랑 드라이브로 오르내리네.

내 고장 주변 '대청호 오백리길',
대전 청주 옥천 보은을 이어주네.

연일 망우물로 배가 헛헛했는데,
민물새우탕으로 속도 시원하게 달래주네.

오며가며 머스마 옛 사연,
오르락내리락 기지배 옛 그리움,

사십여 년 된 호수친구에게,
재롱 피우며 배꼽 빠졌네.

무쓸모한 나인 줄 알았는데,
그 추억만으로도 엄청나고,
내 마음이 '대청호수'라고 하네.

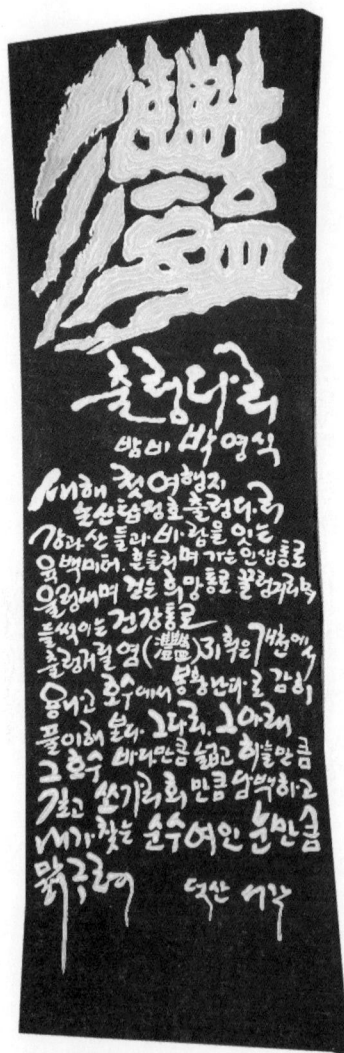

덕산 이종수 作

출렁다리

새해 첫 여행지,
논산 탑정호 출렁다리,
강과 산,
들과 사람을 잇는 육백미터.

흔들리며 가는 인생통로,
울렁대며 걷는 희망통로,
꿀렁거리며 들썩이는 건강통로,
출렁거리며 사는 출렁통로.

출렁거릴 염(灩) 31획은
'개천에서 용 나고',
'호수에서 봉황난다.' 로,
감히 풀이해본다.

그 다리 그 아래 그 호수,
바다만큼 넓고 하늘만큼 깊고,
쏘가리회만큼 담백하고,
내가 찾는 순수연인 눈만큼 맑구려.

세월소풍

평균수명 80살 4000주(週),

가벼운 배낭 메고 홀가분히 소풍 가듯,

거추장스러운 짐을 버리고 여행 가듯,

찌뿌둥한 마음을 내려놓고 꼬마김밥 싸듯,

매주 금요일이 하루같이 빠르게 달려오는,

남은 수명 15살 몇 백주(週),

찌뿌드드한 소갈머리 내려놓고 김밥에 단무지 넣듯,

거북스럽지 아니하게 세월소풍 가듯 삽시다.

해우소

바람소리 구슬퍼
풍경소리 더 구슬퍼라

빗물소리 애잔해,
쇠북소리 더 애잔해라.

계곡소리 처량해,
목탁소리 더 처량해라.

낙엽소리 먹먹해,
경쇠소리 더 먹먹하네.

산새소리 애달퍼,
범종소리 더 애달프구려.

사람소리 좀 떨어진 그곳에는
작은소리라도 울 해우소가 있구려.

세월 봄내음

한 손에 지팡이를
아니면 책가방을 들랴

또 한 손에 약봉지를
아니면 펜을 만지작거리랴

가슴 한 켠에 부정씨앗을
아니면 또 한 켠에 긍정씨앗을 품으랴

마음 한쪽에 실망을
아니면 또 한쪽에 희망을 가지랴

겨울 추위에 움츠림을
아니면 봄내음에 어깨를 풀랴

우중필주

박병욱 作

하늘이 세상시름을 덜고자,
비내림을 합니다.

인간사회로 다다르면,
자연스레 술로 변합니다.

그래서 비가 오면,
시절인연과 반드시 술을 마셔야 합니다.

하늘이 비내림하는 것처럼,
술내림으로 온갖 시름을 덜어야 합니다.

이른바, 우중필주(雨中必酒)입니다.
朴詩天의 우천필주(雨天必酒)입니다.
소위, 망우물(忘憂物)과 만남입니다.

평생 위풍당당

괜스레 위축된다.
왠지 젊음이 그립다.
현역 아닌 예비역 느낌이다.

이럴 때일수록
긍정의 힘으로
치솟는 용암의 에너지로,

나만의 성(城)을 평생 아름답게
쌓으면서 살고 싶다.

솔직히 드문드문 남을 배려하면서,
여유롭게 살면 더욱 좋고요.

위풍당당(威風堂堂) 자신감 있게 살면,
금상첨화(錦上添花)입니다.

숫사자 갈기처럼

숫사자는 냉엄한 동물의 왕국에서
왕좌를 누리기 위하여,
목 안 물리고 생존하려고,
진화란 것이 '갈기'이다.
머리 부분이 무거워서,
균형 잡고 달리기 힘든 단점도 있다.

요사이 나를 깔보고 얕잡아 보는 집단이 있다.
그래서 숫사자 갈기처럼,
내 머리카락을 길게 기른다.
사회 통념상, 단정치 못하다는 단점도 있다.
내 소속 집단에서는 더 그러하다.

나의 갈기도 더 크게,
더 무섭게 보이려는,
생존전략에서 비롯된 것이 아닐까?

최고경영자(CEO)의 고독

최선을 다했는데,

대실망, 환멸,

무엇이 문제인고?

리더십?

팔로우십?

이 핑계, 저 핑계 대면,

리더 아닌 쪼다.

모두 CEO 책임이다.

인성(人性) 9단계

조직을 잘 끌고 가기 위하여는
높은 단계의 인성이 필요하리라.

조직의 리더는 구성원의 인성을
잘 파악하여 이끌어야 한다.

상선약수(上善若水)라고 했던가요,
물 흐르듯 다스려야 합니다.

성격에 대한 연구와 테스트를 하는
'애니어그램' enneagram에서의
사람의 인성(人性) 수준 9단계를 살펴보면,

천품-인품-성품-성격-
성질-성깔-어거지-싸가지-싸이코

위 중에서 나는 어떤 인성으로 쭈욱 살아왔나?
위 중에서 순간순간 어떤 쪽으로 치우쳤나?

스스로 예리하게 통찰해 보면서,
꾸준히 나를 찾아가면서,
단계를 차츰차츰 높여 보기로 다짐한다.

죽을 똥 살 똥

나름대로 큰일을 구상하고 있습니다.
전국을 대상으로 하는 행사입니다.

어떤 일을 할 때에는 죽을 똥(둥), 살 똥(둥) 해야
소기의 목적을 거둘 것입니다.
그 일을 미친 듯이, 자나 깨나 몰입해야 합니다.
불광불급(不狂不及),
미치지 않으면 성공에 이룰 수 없습니다.

또한, 독불장군식은 아니되옵니다.
함께 그 길을 같이 가는 동지, 좌청룡우백호(左靑龍右白虎)
같이 도를 닦는 벗, 이른바 도반(道伴)이 필요합니다.

큰일을 하려면, 마음자리를 다심에서 일심으로,
다시 무심으로 청정하게 닦아야 합니다.
잔망(孱妄)스럽고 진실성 없이 대들면 아니올시다.

한 가지 조심스러운 것은, 정의 정직 열정이 패하더라도
불평하지 말고 온유(溫柔)하게 대처하면서,
마음을 크게 다쳐서는 아니 될 것입니다.

큰일은 상대방 용서와 배려가 중요합니다.
큰일은 나를 낮추는 과정의 연속입니다.

화통소통(畵通疏通)

주욱 친구로 지켜보았네.
유화 판화 수채화 오직 그림뿐인 삶.
순수 열정의 캔퍼스 그리고 붓.

개인전 삼십여 회 국제전 오십여 회.
국내외 방랑하면서 무의식세계를 화폭에,
어느새 내일모레 칠십세에 다다랐구려.

외딴산 외딴섬 외딴강을 무대로,
그 척박함을 푸르름으로 자유로운 영혼으로,
단색조로 복잡함을 내려놨구려.

몇 십년 동안 게으름 없이,
환상적인 화폭으로 동서양을 어우렀구려.
모진 질곡을 그렇게나마 달랬구려.

나는 누구인가 하면서,
그나마 오뚝하게 살았구려.
숱한 외로움을 화통소통했구려.

박관우 화백 티포미 초청전시회 가면서 축시

'인생 뭐 있어' 뜻 풀이

살면서 지치고 힘이 들 때에
자조 반, 격려 반, 내뱉는 말 중에
'인생 뭐 있어'가 있습니다.

인간은 호모루덴스(homo ludens),
'놀이하는 인간'이기도 하다.
우리는 평생 이벤트를 즐기고, 참여한다.

난, 오늘 역사적인 날을 맞이한다.
새로운 도전, 새로운 이벤트, 새로운 놀이를
준비하는 첫 모임, 뜻있는 전국축제 준비모임 날이다.

모든 이벤트가 그러하듯이,
설레이고, 흥분된다.

산삼을 먹더라도 기분 좋게 먹어야 보약,
오만상(五萬相) 찌푸리면 독이다.

때로는 부드러움과 강함,
때로는 엄마의 따스함과 아빠의 외유내강(外柔內剛),
조직을 그럴싸하게 밀고 땡기고,

큰 이벤트를 준비할 때는 내공이 필수입니다.

첫 모임 두어 시간 전,
창밖엔 엄청난 천둥, 번개가 칩니다.
하늘에서도 나처럼 이벤트를 즐기고 있습니다.

'인생 뭐 있어'
그렇게 열정적으로 놀면서 사는 것입니다.

물불안가리는집

물불안가리는집*에서,
남나안가리는사람들과,

가끔물술안가리면서,
남녀노소안가리면서,

과거한과흥토해내면서,
미래꿈희망노래하면서,

인간답게즐겁게사랑스럽게,
인연을맺고살고파라.

  * 대전중앙시장, 지인 개업 백일을 기리며

삼십오년 어둑새벽을

눈비바람이 오나 동틀녘을 달린다.

나자신과 가장남편직장으로 밝을녘을 달렸다.

빨주노초파남보 찾으러 새벽녘을 달렸구려.

어둑어둑한 세상 희망 찾고자,

삼십오년 어둑새벽을 헤쳐갔구려.

* 새벽녘인간 '정일'에게

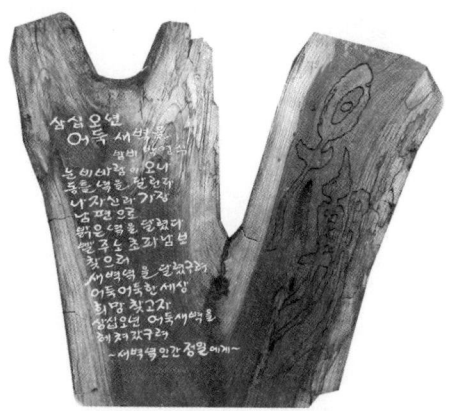

덕산 이종수 作

남성의 편에 서서

남녀 몸의 차이는 어림잡아,
키 10센티미터,
무게 10킬로그램 정도이다.

이 차이로
평생을, 엄청나게,
고생한다.

무거운 짐을 메기도 하고,
정신적 고통의 십자가를 지기도 하고,
가족을 부양하려고 많은 시간을 일하고,
남모르게 삶과 투쟁하기도 한다.

때로는,
남성이란 이유로 여성을 위한,
헌신과 배려를 강요당한다.

그 차이의 성과물은,
참으로 애처롭고, 경이롭고, 훌륭하도다.

여성들이여!
특히 작금의 여성들이여!
그 차이로 고생함을 존경할지어다.

정좌(正坐)

새벽 6시,
나를 깨우는 자명종 울리면,
정좌로 하루를 바르게 읊는다.

하루 24시간,
나를 씻는 물 한 모금을 마시고,
정좌로 하루를 옹골차게 그려본다.

하루 24인간뼈마디,
나를 아끼는 침대이불 위에서,
정좌로 하루를 바로 잡아봅니다.

청승

내 몸을 혹사시키면서,
날이면 날마다 몇십 일을,
술로 보냈다.

몸은 야위어 가고,
얼굴은 초췌해지고,
내장은 얼얼하다.

해결책은 보이지 않고,
사면초가(四面楚歌),
고립무원(孤立無援),

어느 날 혼자 앉아있는,
나의 뒷모습 그야말로 청승,
남이 보면 몹시도 청승맞을 게다.

'청승' 빨리 탈피하자.
내려놓고, 멀리 보고,
크게 보고, 같이 가고,
그 또한 내 안에 있을 것이다.

그래도 아직은 살맛나죠

부모님 계신 천주교 묘지에,
불효자가 이년만에 갔습니다.

이것저것 엉킨 실타래를
조금 풀어 달라고 갔습니다.

아부지, 엄니 만나고 내려오는 길에,
뭇 여인네가 내 모습을 보고,
정중히 인사를 건넨다.

내 차림새가
어느 가톨릭 신부로 착각했나 보다.
조금은 중후(重厚)했나 보다.
험상궂지 아니하고 인자(仁慈)했나 보다.

그날 저녁에,
성당 다닌다는 교수와 소곡주를 마셨다.
그도 나에게 인상 좋다는 말씀을 한다.

그래도 아직은 살맛나죠?

다사다난

올해처럼 시달린 해도 없었다.

올해처럼 마(魔)가 낀 해가 없었다.

올해처럼 쩐(錢)의 전쟁인 해가 없었다.

그야말로, 문자 그래도 다사다난(多事多難),

그 누가 나에게 던진 말 중,
믿거나 말거나,
'수녀도 돈 없으면, 창녀됩니다.'

청춘

어린 시절 아빠에게
들었던 가락이다.
작사 반야월,
작곡 손목인,
노래 오기택의 작품을,
각색(脚色)해 본다.

이 세상의 부모 마음 다 같은 마음,
아들딸이 잘되라고 행복하라고,
마음으로 빌어주는 박영식인데,

팔랑귀라 비웃으며 욕하지 마라,
헛똑똑이라 비웃으며 욕하지 마라,
이빨 빠진 호랑이라 비웃으며 욕하지 마라.

원더풀 원더풀 아빠의 청춘,
브라보 브라보 아빠의 인생,
나에게도 아직까지 청춘은 있다.

기다림의 허(虛)

그 한 놈만
    기다립니다.

그 누가 왈(曰)
    믿지 마세요.

그 놈은 와야
    온답니다.

경험이력서

우리는 살면서 희로애락으로 점철되어지고 있다.
우리는 행동하면서 다양한 부침을 만난다.
우리는 식음하면서 변비와 설사의 야릇한 만남도 경험한다.

이제까지는 조급하게 살아왔지만,
이제부터는 느긋하게 살고 싶다.

여러가지 체험과 만남으로,
옹골찬 경험이력서를 만들어 봐요.

그것이 바로 행복의 척도일 게다.
그것이 바로 삶의 질일 게다.

빠짐, 차라리

영락(零落)없는
    이빨 빠진 호랭이,

불완전하고 인공적인
    나사 빠진 임프란트,

아예 없거나
    몇 개 빠진 사랑니,

늙어감에 신체 일부가
    빠짐에 서럽구려!

차라리 아리따운 선녀와
    사랑에 푹 빠졌으면!

바느질을 기다리는 남자

좌우명처럼 '인생은 도전'이라고
큰 일, 큰 기획을 척척 많이 저질렀다.

허나, 가끔은 바느질 와이셔츠 단추 등
허드렛일 때문에 다른 일에 지장을 주곤 한다.

성격의 예민함도 있겠지만,
그래서 조물주가 남과 여를 창조한 듯하다.

여자를 슬기롭게 받들지 못해,
이렇게 생고생 합니다.

다시 태어난다면,
바느질감을 스스로 알아서 하도록 하겠으며,

일찍, 조물주의 창조력을 간파해서,
큰 일에 지장 없도록 지혜롭게 살겠습니다.

술 다스림

술을 다스리는 사람이,
　　간을 다스리고,
　　화를 다스리고,
　　우정을 다스리고,
　　몸을 다스립니다.

술을 다스리는 사람이,
　　췌장을 다스리고,
　　행동을 다스리고,
　　사랑을 다스리고,
　　마음을 다스립니다.

금주보다는 적당한 음주가
　　몸과 마음을 다스려,
　　장수한답니다.

컷

당신은 당당한
　　숫컷일까요?

그렇다면 암컷의 그윽한
　　내음새를 맡아 보셨나요?

당신은 어여쁜
　　암컷일까요?

그렇다면 숫컷의 열렬한
　　심전(心田)을 느껴 보았나요?

한 구절 자아적 해석

공자의 논어 '태백편(泰伯篇)'에

흥어시(興於詩)하고, 얼쑤

삶의 마디마디 시로서 토해내고,

입어례(立於禮)하며, 얼쑤

열린 사고로 예로서 인간관계를 하며,

성어악(成於樂)하라, 얼쑤

큰 틀에서 음악과 풍류를 통해 조화를 이루고,

균형 잡힌 삶을 완성하라.

리듬공부, 인생공부

지구의 밝음과 어둠, 바다의 밀물과 썰물,
사람의 들숨과 날숨, 이 모든 것이 리듬이다.

이 리듬은 진동으로, 파동으로, 공명으로,
귀기울림으로, 떨림으로, 꼴림으로, 끌림으로,
춤과 감동으로, 이렇게 저렇게 퍼져나간다.

때로는 긴장, 절정, 이완, 쉼으로,
고저, 장단, 완급, 음색을 섞어 리듬을 타게 되고,
절실한 시(詩)를 가슴으로 보태면,
훌륭한 리듬꾼은 금상첨화(錦上添花)랍니다.

이렇게 소리꾼 명강의는 리듬을 타는데,
앞이 구만리인 학생들은 나 몰라라 썰렁리듬이요,

강의 보조자료인 세계적인 가수 겸 기타리스트 비비 킹과
성악가 루치아노 파바로티 협연은 환상리듬이어라.

싸나이 거래

답답묵직한 가슴을
내동댕이치려고,

바다처럼 넓디넓은
인공호수 충주호 종댕이 길을,

어느 사십여 명의 산악회원과
궁댕이를 흔들며 두어 시간 트래킹,

화두는 "싸나이 거래가 뭐 이래"
최근 시원찮은 거래와 약속 불이행 때문에
상처 입고 연이은 술잔.

내년엔 가슴이 넓은 싸나이와
호연지기를 같이 길렀으면,

새해엔 호숫가 안전말뚝 그림자처럼
선명한 싸나이와 거래했으면 합니다.

지금 내 심정

방하착(放下著)하라,

하심(下心)하라,

들숨날숨하라.

단전호흡하라.

짐을 내려 놓아라.

어깨를 활짝 펴라.

저 높은 곳을 응시하라.

걸음걸이를 지속적으로 쌓아라.

그리고,

폭탄주 몇 잔으로 잊어라.

내일도,

태양은 뜬다.

파천황

어떤 일의 달인 셋이 모여,
상식으로 풀어 갈 일을,
어리석고 피곤하게 논쟁을 하는구려!

어떤 조직의 아웃사이더,
자존심의 임계점까지,
서럽게 왕따 당했구려!

'결자해지(結者解之)'라고 했던가,
두어 달의 깊은 고뇌와,
아우 몇의 진심 어린 충정으로,
엉킨 실타래를 풀려고 하네!

쫄병인 내가 감히,
조직과 일의 서열 완투쓰리를
나답게 승패자도 없이 제압하니,

오!!! 휴!!!
이게 '파천황(破天荒)'이라고 뇌까리며,
쓴웃음 짓네 ㅎㅎㅎ

생략과 소통

살면서 중간 생략으로 인하여,
손해와 오해를 많이 봤다.

중간 중간 소통을 하지 아니하고,
상대방이 그 정도야 이해하고 알겠지 하면서,
무던히도 그냥 지나갔다.

그러한 연유는 소싯적 가르침과 배움의
효과일 수도 있으리라,
군자 남자 근엄 인내 무거움 멀리봄 크게봄 등등.

이제는 달라졌는데,
소통 표현 협업 퓨전 믹싱 콜라보레이션 등등.

똥고집을 버리고 시나브로 변해야,
그나마 오해와 손해를 줄일 수 있고,
삶의 슬기가 생기는 듯하다.

만물의 죄인

순수한 지인이 수감되어 법정 방청석에 난생처음 앉았다.
그 원인은 잘못된 술버릇 때문이다.

모르는 판사에게 보내는 탄원서까지 같이 도와주었다.

인간은 만물(萬物)에 대하여 죄를 지을 수 있는,
만물의 죄인(罪人)이다. 괴로움의 본체이다.

죄는 순간순간의 악감정의 발로,
지속되는 육체적 스트레스의 발산,
지리하게 따라다니는 심리적 트라우마의 발작 등으로 저지른다.

영장(靈長)이라 자랑 마오, 너무 나약한 존재입니다.
오늘, 제복 수의 수감 어두운 분위기 딱딱한 언어
어쩌면 죄인 같은 판결 등이 너무 싫었습니다.

오늘의 교훈, 난해한 얘기지만,
그래도, 죄는 짓지 말아야 하겠습니다.

변화에 도전

하등동물인 물고기도 큰 일을 하고자 할 때에는,
날개 없이 지느러미와 고깃덩어리의 추진력으로 날아야
한다.

연어도 종족번식을 위해 머나먼 바다에서 강으로,
또 강을 거슬러 회귀본능을 힘차게 발휘하면서 날아야
한다.

고등동물인 우리 인간도 삶의 방향키를 돌릴 때에는,
깊은 고뇌와 함께 날개 없이 날아야 하는 열정을 보여야
한다.

큰 일을 위하여는 상대에게 누누이 끄덕이며,
삶의 오류를 인정하고 선회하는 진정한 용기를 발휘하면서,
변화에 적응하는 긍정적 도전을 하면서 열렬히 살아야
한다.

야래향에 취하면서

소싯적 추억의 향기를 따라,
원도심 대흥동 '초가집'에서
아재들이랑 가끔 밤술자리를 하곤 한다.

그 조그마한 주막에는,
마당을 덮는 큰 오동나무와 작은 꽃나무들,
그리고 내 또래의 순수녀 '윤자' 아낙네가 있다.

두어 잔 기울일 즈음,
어디선가 엄청난 향기가 진동하여 주위를 살핀다.

향기으뜸 엄지척향기 매혹향기 야래향(夜來香)!
고혹 자태 스타꽃 별모양 꽃 월견초(月見草)!
그리움 기다림 애절함의 극치 야화(夜花)!
신혼 첫날밤에 방에 넣어둔다는 달맞이꽃!
한 수 더 모기까지 없애준다는 이로운 꽃이로구나!!!

욕심은 한이 없다고 했던가요,
언젠가 이런 분위기에서 감상했던,
　내가 좋아하는 견우의 꽃 '밤나팔꽃'도 옆에 있으면 좋으련만.

그 꽃은 달님을 직녀로 착각하여 밤에만 핀다네요.
착각도 좋으니까 말없이 나를 사랑하는 꽃이 있었으면 좋으련만,

사치는 사치를 낳는다고 했던가요,
대만 여가수 '아시아의 가희(歌姬)'라고 불리우고,
"낮에는 등소평이, 밤에는 등려군이 지배한다"라고,
한 시대를 풍미했던 '등려군'의 히트곡 '야래향'과
꿀처럼 달콤하다고 읊은 '첨밀밀'이 귓전을 맴돈다.

일차 밤술자리는 그윽한 향기를 안주 삼아 거나하게 마시고,
달을 보며 고향 대전의 상징 목척교 자락 포장마차로 자리 이동,
'야래향'의 향기와
'등려군'의 감미로운 음색과
'윤자'의 순수한 마음씨 삼종세트 안주로 이어집니다.

각설하옵고,
아까 야래향의 향기는 그리운 어머니 젖과 같습니다.

야릇 버릇

십이시(十二時)의 열한번 째,
술시 한시간 전에는 칫솔질하는 이상야릇
버릇은 왜일까요?

잠시 후 만날 술잔과 멋진 키스를 위해,
누렇고 텁텁한 이빨을 하얗게
닦는 것일까요?

외로움에 지친 몸뚱어리 첫 관문을 깨끗이,
에드바르 뭉크의 농염한 '마돈나'를
맞이하기 위한 준비일까요?

수밀도(水蜜桃) 같은 '황진이'의 품을,
몸을 적시면서 애타게
기다리는 그리움의 표현일까요?

평범이 어려워 비범의 메마른 가슴팍,
변화를 기다리며 들불같이 활활 타오르기를
바라는 가글링일까요?

우멍거지 확대해석

우멍거지는 멍게의 본디 말이란다.

멍게의 생리상 껍질 속에서 내용물이 나오므로,

남성의 심볼 모양새인 포경(包莖)과 연관된단다.

또한, 거룩한 포경수술과 엉뚱한 의미로 이어져,

고래잡이 포경(捕鯨)과도 인연이 됩니다.

그러므로 우멍거지는 멍게요, 포경이요,

포경수술이요, 고래잡이, 이옵니다.

고달픈 방외지사

본디, 방외지사(方外之士)는 자유로워야 한다.

고정관념, 경계선, 테두리에서 훌쩍 벗어나야 한다.

정해진 출퇴근과 처성자옥(妻城子獄)의 현실과 맞물려,

그들과 타협하지 않는 방외지사로 거하려니 고달프구려!!!

그래도, 답답묵직하고 평범한 세속보다는,

예술과 음주가무와 명산대천이 좋으니 어찌하랴!!!

나의 울림, 목소리

어느 성현(聖賢)의 목소리가 상대방과 소통할 때,

또렷하고,
명료하고,
감미롭고,
듣기 좋고,
청아하고,
음조 있고,
심오하고,
낭랑하다고 합니다.

나도 이젠 어른스럽게 그렇게 하고 싶습니다.

진솔하고,
자신감 가지고,
우아하고,
화내지 말고,
배려하고,
헐뜯지 말고,
거룩하고,
기쁨을 주고자 합니다.

앞으로 나의 울림, 목소리에 대한 희망사항입니다.

진검승부 인생

이 인생은, 어떠어떠한 인생일까요.

남 보기에는 흥미진진합니다.
난 엄청난 에너지가 소모됩니다.
한 우물을 파는 엄청난 외로움입니다.
도전과 응전의 연속입니다.
끝없는 자기와의 내공싸움입니다.
내리막과 오르막이 점철됩니다.

비웃음과 손가락질의 대상일 수도 있습니다.
왕따와 허접한 칭찬 일색일 수도 있습니다.
시행착오와 후회의 반복일 수도 있습니다.
만남과 결별의 쓰라린 경험의 모음일 수도 있습니다.
목마른 사막의 갈증과 작은 성취의 얼룩이기도 합니다.
뼈를 깎고 살을 에이는 작업이기도 합니다.

괜찮습니다, 이 인생의 끝판은 모차르트의,
'내 마음에 춤출 듯한 환희감'이나 마찬가지입니다.

멋지십니다, 이 인생은 싸나이로 태어나,
진짜 삶을 그리는 진검승부(眞劍勝負) 인생입니다.

계단족

굽신굽신 얼굴도장
엘리베이터족이 싫고,

이꼴저꼴 이놈저놈
걸리적거림이 싫어,

외롭고 고된
계단족(階段族)이 되었네.

어쩌다 다른 생각 같은 처지
씩씩거리는 볼멘 이 마주치면,

생각 없이 허드레
헛인사로 지나치곤 하네.

그래도 늘그막에 종아리운동
제대로 한다고 스스로 위로하네.

그리움

포개져 있는 절인깻잎을 떼어주는 사이,

삼겹살에 상추쌈을 한 입 싸주는 사이,

족집게로 새치를 한올한올 뽑아주는 사이,

귀이개로 귀지를 시원하게 파내주는 사이,

팔이 닿지 않는 등때를 주욱주욱 밀어주는 사이,

심신이 피곤할 때 무릎베개로 낮잠 재워주는 사이,

비 오는 날 작은우산 다정하게 같이 쓰는 사이,

외로운 휴일 오후 연락해서 오솔길을 산책하는 사이,

들랑날랑 부침의 인생언어를 시처럼 낭송해주는 사이,

아!!!

이래저래 그리움만 너울너울 쌓이네.

시두(詩頭)

어느 인간의 큰 숨김이,
찬란한 드러냄으로 현현(顯現)됩니다.

모처 수목의 깊은 뿌리내림은,
인고(忍苦)기간이 있었기에 울창한 숲이 됩니다.

선사(禪師)는 평상심 화두(話頭)를 잡아,
참선 득도(得道)합니다.

범인(凡人)은 참살이 시두(詩頭)를 잡아,
몰입 시작(詩作)합니다.

반성

사랑과 이별을,
　　　맹목이나,
　　　욕정이나,
　　　소유나,
　　　조급함이나,
　　　순간적이나,
　　　그러지 말고,

사랑과 이별을,
　　　참으로,
　　　숙성으로,
　　　나눔으로,
　　　그리움으로,
　　　기다림으로,
　　　해야지.

나답게

나답게 살고 싶다.

그냥, 나답게 살고 싶다.

그저, 나답게 살고 싶다.

조금 바람이 있다면,

아버지보다 약간 진화 되었으면,

그러하게, 나답게 살고 싶다.

말귀

본인 말에 기(氣)를 불어 넣으면,

말귀를 알아차리고 그렇게 되더라.

매사(每事) 잘 풀리지 아니한다고,

포기하지 말고,

도사(道士)처럼 말귀를 거시기해서,

알 수 없는 내일을 얻는,

행운을 만나게 할지어다.

모후산(母后山)

공민왕이 '홍건적의 난'을 피해,
어머니와 함께 지내던 전남 화순 모후산,
고려인삼을 처음 재배했다는 모후산.

오르면서,
넓은 산을 온통 메운, 산죽나무라고 불리우는 조릿대
사시사철 푸른 잎은 겨울바람에 성한 곳은 없어도,
찻잎으로는 사람에게 그만이고요,
등산객 우리 회원들은 바윗길이 험하다고 힘들어하지만,

내려가면서,
동풍(東風)에 잎이 모두 떨어진 목질이 매우 단단한,
오동나무는 군데군데 노랗게 이쁘게 그림을 그려주고요,
온 산을 가득 메운 상사화 중꽃 꽃무릇이라고 불리우는,
사시사철 푸르른 잎은 '내리사랑'이라는 꽃말처럼,
비구승과 남편을 여읜 아리따운 여인과의 사랑전설을 머금은 채,

엄마의 품속같은,
오르면서 내려가면서 마음이 편한,
모후산(母后山)이었구려.

확실

어느 날 찾은 세 가지,

술 먹은 양,

그 후 쏜 오줌,

항시 잘 나오는 수돗물,

시원깔끔하게,

확실하다.

힘들고 어려운 것

날짐승이 가장 힘들고 어려운 것은,
바람이 너무 세게 불어 날갯짓이 안 되는 것이요,

물고기가 가장 힘들고 어려운 것은,
가뭄이 극심하여 물이 메말라 호흡할 수 없는 것이요,

축생이 가장 어려운 것은,
전생에 죄를 지어 짐승이 되었는데,
이를 망각한 채 아직도 힘없는 자를 못 살게 하는 것이요,

인간이 가장 힘들고 어려운 것은,
자기 자신을 파악한 다음 자신을 변화시키는 것이다.

억지 별칭 10호

부처의 별칭, 여래 10호는 엄청납니다.

여래(如來), 응공(應供), 정변지(正遍知), 명행족(明行足),

선서(善逝), 세간해(世間解), 무상사(無上士), 조어장부(調御丈夫),

천인사(天人師), 불세존(佛世尊), 등등입니다.

나의 별칭, 밤비 10호는 억지랍니다.

야우(夜雨) 밤에 흥과 한이 있는 밤비,

소거(小巨) 체구는 그러한데 행동이 큰 작은 거인,

생도(生道) 속세에 살고 있는 생활 속의 도인,

대오(大悟) 대전팝스오케스트라로 인하여 크게 깨달은 자,

내십(內十) 오뚜기같이 일어나는 내공이 십단,

우필(雨必) 우중필주(雨中必酒) 비가 오면 반드시 한 잔,

자고(自苦) 스스로 고통을 생산하는 자,

간우(間友) 인간사 좋은 사람끼리 친구를 맺어주는 자,

시가(詩加) 시를 쓰면서 정신건강의 가피를 받는 자,

장손(長損) 대장질하다가 손해를 만끽하는 자, 등등입니다.

늙으면 헛되도다

싸움을 엄청나게 잘했어도
늙으면 오십보 백보

학교 성적이 우수하여 성공했어도
늙으면 거기서 거기

돈을 무지하게 많이 벌었어도
늙으면 도긴 개긴

엉뚱한 배려

어엿한 남자가 해우소(解憂所)에서 '쉬'를 하고 있었다.

누구나 거시기를 잡고 들고 시름을 없애고 근심을 푼다.

들고 있는 자에게 지긋한 내가 말을 건넨다.

'거시기가 무거우면 내가 들어 주겠노라'라고 했더니

들고 있는 자가 응답한다.

며칠 전 병원에 갔더니,

내로라하는 의사가 '무거운 거 들지 말라'고 했단다.

그래서 내가 도와주려 하니 근심이 마감되었단다.

보아하니 가벼운 거 같은데, 실실허허(實實虛虛) 멋쩍네.

지극히 엉뚱한 배려인가요.

술의 궤적

난 가끔 상상해 본다.
하늘에 대형 CCTV를 설치하고,
한 달 이십팔일 정도 1차, 2차 차수를 변경하여
술을 마시는 나를 관찰해보는 시네마스코프.

소중한 인연일랑 기분 좋게 마시는 신(scens).
여성과 희희낙낙하면서 즐기는 러브 샷(shot),
친구, 후배들에게 스트레스 발설하는 특강,
노래방으로 옮겨 명품 배호 선생 노래 샤우팅(shouting) 장면,
걸으면서 밤의 엘레지 황제처럼 흥얼거리는 폼,
만취하여 택시 잡는 모습,
엄청난 일을 한 양 침대에 누울 때까지
상상만 해도 재미가 있을 그 궤적.

습관이 무서운지라,
희한하게 집에는 마술에 걸린 것처럼 찾아가지만,
다음 날이 문제,
갈수록 알츠할머니*처럼 기억이 희미해지고,
남에게 저지른 실수도 망각하여 나중에 알게 되고,
급기야 일상생활까지 지장을 주게 되더라.

그 궤적은 순간적으로 재미있고 비싼 영화처럼 감상하지만,
그 영화 강평은 후회만땅! 반성가득! 입니다.

* '알츠할머니'는 작가가 재미있게 사용하는 신조어로 '알츠하이머'와 같습니다.

횟집

해녀는 물질
술꾼은 잔질

바다엔 안줏거리
육지엔 먹거리

해녀가 술꾼이라면
바다가 육지라면

인공지능에게

세계인의 관심속에,
인공지능 '알파고'와
바둑의 신(神)과 같은 존재

인간 프로바둑 구단 이세돌이 격돌,
정해진 다섯 판 대결 중,
이미 인간이 두 판은 졌다.
셋째 판 격돌 직전,
인간이 이기길 간절히 바란다.

또다시 '알파고'가 이기면,
그 능력으로 참된여성 가칭 '알파녀'를,
여러 시행착오를 거쳐 잘 빚고 조작하여,
여성장애가 있는 나에게 주었으면,
그런 세상도 은근히 바란다.

아무 일 없는 양

어려운 일을 매번 준비함에도,
별다른 내색 없이 어우렁더우렁하네.

신상(身上)에 큰 불이익을 받음에도,
쩨쩨하게 변명 없이 앞만 보고 가네.

엄청난 이벤트를 자주 실행함에도,
엄살 부림 없이 시원스레 척척하네.

오늘도, 오늘까지 숱한 일을 만남에도,
아무 일 없는 양, 체질인 양 태연스럽게 흐르네.

넓히고 아껴라

상대방에 대한
고마움의 폭을,
배려의 폭을,
이해의 폭을,
넓히고,

한 가지 더
말의 색깔을,
행동의 때깔을,
됨됨이의 빛깔을,
아껴라.

'사람사이'가
인간(人間) 아니던가,
그래서 여운을,
맛깔나게 남겨 놓자구려.

명징(明澄)의 잣대

몸뚱아리는 사는 동안 습관적으로 숨쉬는,
들숨 날숨도 제대로 평온하게 실행하지 못하는 듯하다.

마음덩어리는 평생 본래의 마음자리를 잡지 못하고,
어지럽고 혼란스러운 듯하다.

늙어감에 자기만의 훈련을 통하여,

권력과 금력의 잣대에 매몰되어 헛되이 보내지 말고,
가치와 보람의 잣대로 화평한 삶을 영위해야 합니다.

몸과 마음을 지혜로운 나만의 잣대,
명징의 잣대로 거듭거듭 깨어나게 하여야 합니다.

더라

사람의 인연을 하찮게 보는 중생에게
충고하거늘, 떠나도 그만이 아니더라.

서운함의 상대방에 대한 애잔한 표현은,
솔직함과 애증에서 비롯되더라.

예스와 노, 그렇다와 아니다
할까와 말까, 이거야와 저거야의 갈등은,
어리석음과 욕심의 과다에서 야기되더라.

순수 정서(情緖)마름

윗사람의 순수 정서마름은 '윗마름*'인 바,
이 증세가 심해지면 세상이 메마르고,
떠받듦이 점점 사라진다.

어중간 사람의 순수 정서마름은 '중간마름'인 바,
이 증세가 많아지면 세상이 팍팍하고,
중산층이 더욱 엷어진다.

아랫사람의 순수 정서마름은 '아랫마름'인 바,
이 증세가 깊어지면 세상이 빡빡하고,
밑바탕이 아주 어두워진다.

고로, '윗마름' '중간마름' '아랫마름'의 증세를,
서로 합심하여 처방하고 다같이 살찌워야,
세상이 풍요롭고 살맛이 날 것이다.

* '윗마름' '중간마름' '아랫마름'은 저자의 신조어입니다.

가까운 듯, 먼 당신

근심 걱정을 덜어준다는 해우소(解憂所),
그곳을 찾으려고 구석구석 헤맨다면

마음을 편하게 달래준다는 유명사찰,
함께 간 옆지기가 불만투성이 고민덩어리라면

금전거래는 평생 하지 않는다는 냉정인,
급한 상황이 생겨 구구절절한 메시지 보낸다 한들

서로에게 시시껄껄한 말장난 술장구는 척척 똑똑이,
진정 상대방을 외롭게 만드는 순결주의자인 척한다면

그대는 ~~~ 그대는~~~ 그대는~~~ 그대는
'가까운 듯, 먼 당신'이어라.

초여름 주룩비

마른 일상에 물기를 머금게 하고,
덜 푸른 잎새에 푸르름을 마감하는 단비.

며칠 더 내리면 매미들의 열띤 합창으로 이어지게 하는,
대공연장을 준비하는 분주한 스탭들의 손놀림 주룩주룩.

또 몇 날 이어지면 찌들고 땀 베인 공허한 인간에게,
흠뻑 그늘을 만들어 주는 장엄스러운 초여름 주룩비.

시민특강

평민으로 다소곳이 태어나,
소시민으로 주욱 생활했습니다.

강산이 여섯 번 바뀔 즈음,
이제는 큰틀에서 날마다 바람직한 삶을,

거산봉우리에서 조용히 굽어보듯,
말 한마디가 바로 올곧은 시민특강.

큰바다를 두 팔로 껴안은 듯,
몸가짐 자체가 다름 아닌 시민특강.

희게 밝게

흰 건반보다 더 흰
피아니스트의 가녀린 손놀림,

흰 백옥목걸이보다 더 흰
뭇 여인의 고혹적인 기린목처럼,

흰 눈덩이보다 더 흰
내공구단의 본래 마음 덩어리처럼,

날마다 그렇게 희게 밝게
서로의 샘물을 마냥 퍼담으면 좋겠습니다.

곧 그 사람

글씨가 곧 그 사람(서여기인書如其人)

그림이 곧 그 사람(화여기인畵如其人)

글월이 곧 그 사람(문여기인文如其人)

노래가 곧 그 사람(악여기인樂如其人)

술몸가짐이 곧 그 사람(주여기인酒如其人)

돌고 도는 돈인데

돈은 매일 전쟁터를 방불케 한다.
돈은 인간사 다툼의 원인제공자이다.
돈은 돈독했던 신의도 쉽사리 저버리게 한다.
돈은 귀신도 무릎을 꾸부리게 하는 마술사다.
돈은 선한 사람을 어리석게 만들기도 한다.

돈은 사람을 적극적으로 행동케한다.
돈은 무소불위의 힘을 발휘하게 한다.
돈은 의리도 생곱스리 나타나게 하는 요술방망이다.
돈은 하고자 하는 일을 편리하게 한다.
돈은 악한 사람을 영웅으로 만들기도 한다.

엽전과 동전은 이 집구석 저 집구석으로,
화폐와 지폐는 이 놈팽이 저 놈팽이한테로,
현금과 수표는 이 동네 저 동네로,
돌고 도는 물레방아 같은 돈인데,
그리하여 순둥이 나를 이리도 어지럽게 합니까?

자승자박 그리움

한가닥 외로움이 애잔하게 밀려올 때,
그 외로움을 즐길 양 단순하게 장난을 치면,

어쩌다 맞닥뜨린 책임없는 사랑이기에,
일부러 초대하고 싶지 않을 마음이기에 ,
굳이 평생 동행하고 싶지 않을 인연이기에,

그로 인하여 또다시 쌓이는 자승자박 그리움.

어느 덧없는 마감에

늙기 아쉽고 서러워,
생(生)의 마감까지,

없던 자격증 취득에,
안 해도 되는 사회적 봉사에,
모자란 돈으로 후배사랑까지,

젊어서부터 이루지 못한,
한스러운 가수 데뷔 노래음반까지,

마감 몇 시간 전,
생전 소통을 위해 카톡에 밴드까지,

그 열정에,
그 애절함에,
그 악착같음에, 큰 박수를 보냅니다.

하온데,
칠십도 넘기지 못한 아쉬움에,
그 덧없음에,

누구도 그 덧없음에 자유롭지 아니함에,
나도 그러할진대,

그러함에, 원초적인 슬픔이 있습니다.
엉아, 그동안 미련이 너무 많았습니다.

긴 여운

난, 오늘도 설렙니다.
난, 아직도 떨립니다.
난, 이시간도 아쉽습니다.
난, 내일도 다소 어리석은 긴 여운을 즐기렵니다.

백점 만점은 숨이 막힙니다.
완성보다는 미완성이 덜 답답합니다.
노련한 악(惡)보다는 약간 미련한 선(善)이 좋습니다.

이는 장막 속의 탁(濁)한 완벽보다는,
투명한 미성숙의 순수(純粹)를 추구하고 싶어서입니다.

마음의 널빈지를 화알짝

영(靈)이 지쳐 주붕(酒朋)과 함께
혼(魂)이 메말라 정작(情酌)으로 이어질 때,

이로 인하여 간(肝)이 간간이(間間이)
아슬아슬 간간해져갈 즈음,

아쉬운 삶의 도사리를 다시 모아
쭉정이를 알갱이로 만드는 지혜를 발휘하고,

여생(餘生)을 부드럽고 달콤한 '돌체'를 위한
마음의 널빈지를 모두 화알짝 열어젖히고자 합니다.

외로움과 어리석음

때론 외로움의 절대 지존(至尊)이 되고 싶다.

생활의 두터움과 깊이를 더하기 위하여
진정으로 하나가 되는 광명을 얻기 위하여
조급함에서 벗어나 느긋함의 빛을 쬐기 위하여
눈을 지그시 감고 잠시 우주의 밝음을 느끼기 위하여

때론 진정한 어리석음의 왕자가 되고 싶다.

현대판 숫자놀이에서 자유로운 영혼을 맛보기 위하여
하나가 둘셋으로 자연스레 이어지는 평온함을 위하여
무더위에 조용히 그늘을 내어주는 정자나무 배려를 위하여
서로 미워하고 시기하고 사랑하고 즐기는 덧없음을 위하여

시공일심(時空一心)

월수금요일은 오름으로
화목토요일은 내림으로
헛되고 덧없어도,

남(南)은 남두육성(南斗六星)으로
북(北)은 북두칠성(北斗七星)으로
서로 엇박자일지라도,

잠시 쉬는 일요일이라도
숱한 좌절은 불끈 잊고,

웬만한 시련은 냉철(冷徹)과
일심(一心)으로 우뚝 섭시다.

실유카

유월의 꽃 실유카,
수북한 푸른 잎가에 하얀 실이 매달려,
사란(絲蘭) 실란이라고도 하네요.

호국보훈의 달에,
도회지 길가 피서지 강가 가리지 않고 어디서나,
죽 뻗은 줄기 위에 달덩이 같은 흰 꽃봉오리를,
더위에 아랑곳않고 시원스레 피네요.

꽃말이 '끈기' '강인함'이기에 수개월 어디서나
그렇게 핀다네요.

하오나 먼저 가신 호국영령에게는 수줍게 인사하듯,
흰 봉우리 땅을 향해 예의 갖추어 '겸손' 피네요.

유레카!!!
'겸손'이 '강인함'이로군요.

유토피아

보석이 돌처럼 굴러다녀도
아웅다웅 다투지 아니하고,

과실이 지천에 맛깔스러워도
때가 되면 자연스레 나누어 먹고,

가진 힘이 참새 부리처럼 나약해도
귀여우니까 서로 보듬어 주고,

어젯밤 악몽으로 식은땀 났어도
이제 우리가 있으니 편안해질거라고 하는,

이러한 이상향(理想鄕)에서 잠시라도 살고
이러한 유토피아에서 어쩌다가 꿈을 꾸고 싶다.

술이술이 마술이

술이 중요한 약속을 잊게 하고,
술이 귀한 물건을 잃게 하고,
술이 말장난하다가 다투게 하고,
술이 술값 때문에 삐지게 하고,
술이 1차2차3차에 마(魔)가 끼고,
술이술이 마(魔)술이.

수리수리 마수리
이집저집그집 다니면서 낀 마(魔)를,
입으로 지은 업을 깨끗이 씻기 위하여,
수리수리 마하수리 수수리 사바하.

외로움에 대한 고찰

핸드폰의 내장음까지 들릴만큼 고요속의 외로움,

생을 약간 비껴서 익숙한 세상과 단전하고픈 외로움,

일상의 예측은 가차없이 빗나가고

보편의 희망은 이내 실망으로 겹쳐지는 외로움,

형식적 대화는 차디찬 헤어짐으로 나타나는 외로움,

쓰잘 데 없는 무리속 칭찬은 다시 저주로 변질되는 외로움,

참으로 건방진 애가 어르신을 혼내고 우쭐해도

이렇다 저렇다 훈시나 대꾸도 하기 싫은 외로움,

뉘를 원망하랴!

이 모든 것이 나로 인한 외로움이어라.

연(蓮) 선생님

연못이여!
극락세계처럼 아늑하구려.
진흙에서도 맑은 물결에서 피는 꽃 만드는구려.
춘하추동 편한 배움터 같구려.

연꽃이여!
흙탕물에서 더렵혀지지 않고 피는구려.
멀리까지 향기나는 수생식물 군자꽃이구려.
하얀색 붉은색으로 처염상정(處染常淨)이구려.

연잎이여!
너무나도 청결하고 고귀하구려.
고결하게도 물속에서도 젖지 않는구려.
지혈제와 오줌싸개치료도 하는구려.

연근이여!
땅속줄기까지 믿음직스럽게 지조있구려.
비타민과 미네랄도 듬뿍 선물하는구려.
부처님이 탄생하는 곳 같구려.

연밥이여!
연꽃열매까지 절제된 모습이구려.
익어서는 연자육이 되는구려.
배고픔에 제법 먹음직스럽구려.

고귀한 청아

진흙 속에서
연못 속에서
서동총각의 마음 속에서
선화공주의 사랑 속에서,

백련으로
홍련으로
황련으로
수련 가시연으로 피어나고,

더위 한자락을
이십여 개의 연밥구멍으로 머금어
남은 더위 자동으로 분산하고,

장맛비 한줄기를
우산 거꾸로 쓴 큰 연잎에 담아
물난리 자연으로 조절하네.

이 연연(蓮蓮)은 주변의 하늘하늘 수양버들과
야생화 이름모를 수생식물과 어우러져,

한 폭의 부여 궁남지(宮南池)
우수축제 서동연꽃축제,

지금까지 내 눈으로 본 꽃 중
고귀한 청아(淸雅) 그 자체.

해달의 날갯짓

그 빡빡했던 스케줄,
점심 저녁 선약 지킴에,
중간중간 티타임에,
밤 늦은 술약속까지,
정말 바쁘게 열심히 살았건만….

이건 아니다 싶어,
며칠 침잠의 세계 속으로 골몰,
본디 고독한 존재이기에,
거의 나만의 영역에서 깊은 사색을….

많은 후회와 반성의 나락으로 빠져도 보고,
앞으로 살아갈 환생의 그림도 희미하게 그려보는 데….

아! 인생, 그리 녹록하지 않구려?
아! 만물의 영장, 쉬운 삶이 아니구려?
아! 별로 가진 것도 없는 육신, 버리기도 힘들구려?

아? 엄청난 폭염에, 그리운 등나무 그늘막이여!
아? 지루한 갈증 사막에, 한 줄기 오아시스여!
아? 어차피 짊어진 일백팔 번뇌에, 해탈의 날갯짓이여!

사람 찾아

사람 그리운 사람 찾다가
사람한테 고스란히 상처받고,

위로차 자연을 찾아
외로움을 갈팡질팡 토해도 보고,

고상한 척 신간서적을 매만지면서
상처 닦아 줄 또다른 사람 찾아보네.

태생이 사람인지라 동행할 사람이 그리워
어쩌다 마주친 술친구와 여러 잔 부딪치는데,

아, 한 치 앞을 모르는
가녀린 사람이여,

검증이 안 된 또다른 사람에게
나의 상처는 덧나려나 보듬어지려나.

카르페 디엠

늦여름 늦더위 가을내음 솔솔 즈음에,
상대 향해 칠월 내내 기른 내 콧수염은 자릴 잡아가고,
최근 긴 슬럼프는 외로운 늑대로 점점 변신 되고,
변신케한 대상들은 뭐같은 논리로 희희낙락하네.

장고 끝에 행복은 조건이 아니고 자기선택이라고,
비우고 내려놓고 오늘 지금 이순간을 즐기라고,
한 가지 덧붙여 건강해야만 외로움과 괴로움을 맛본다고,
'카르페 디엠' carpe diem 현실을 진정 즐기라고,
현실의 최면인 꿈속에서 쉽게 알려주네.

나도 두루뭉술 살 수도

깡똥하게 살려고 서류집게 찝어놓으니
나보고 예민하다고 하네

똑부러지게 살려고 고무밴드로 묶어놓으니
나보고 까칠하다고 하네

아쌀하게 살려고 뭐든지 정리정돈하니
나보고 답답하다고 하네

화끈하게 살려고 들이대었더니
나보고 성격이 모나다고 하네

여보게 어영부영 머슴아 개념없는 가시내
나도 두루뭉술 살 수도 있다네

요즈음 깊은 음률에 빠져,
내 삶과 점철되어 눈물이 고이네.

Venice from the Tower of San Giorgio (1900), Thomas Moran (American, 1837-1926)

2

이백일로 거듭나고

101-200

또 다른 절기맞이

올해 몇 십 년 만의 폭염과,
잠 못 이루는 밤이 계속되고
자다가 팬티까지 없어지는 지경까지,

어느 날은,
더워서 힘든 게 아니라,
사람한테 상처받아,
잠 꼬박 설치고,

삶에 힘겨운 바람이 불면,
인생과녁 오조준도 명중의 비결,

육신이 지치고 쇠잔해질 때,
명약보다 나에게 향한 주변의 들풀이 명약,

'모기 입이 비뚤어진다'는 처서인 오늘,
더위는 인내로 잘 버티었으니,

이제는 터득한 오조준과 들풀의 지혜로,
다가오는 또 다른 절기를 맞이합시다.

진공묘유

오늘도 저 멀리 본다
아득한 지평선을
잡히지 않는 먼 산꼭대기를

야 임마 왜 그려
넌 또 왜 그러냐
모두 어쩌다가 그리됐냐

존재의 허무함을
있으나 마나를
높고 낮음을

불변하지 않는 실체가 없음을
세상만사 깡그리 뻥일 수도 있음을
진공묘유(眞空妙有) 그 자체가 비움수행인 것을

둥글둥글 갈무리

하루하루 최선 갈무리,
매일매일 적극 마무리,

뭇사람에게 무리하지 아니하고,
자신에게 무의미하지 아니하면서,

큰산큰나무 자연산이끼처럼,
쉼없이 무리없이 마무리하면서,

눈물웃음 없는 작은새처럼,
슬픔기쁨을 지저귐으로 전달하면서,

그날그날 세상 껴안으면서,
둥글둥글 포근하게 갈무리합시다.

새희망의 버팀목

이제까지 삼시세끼가 기본적인 힘이요 에너지였다면,
어려운 이 시기에는 새 희망의 버팀목이 충전되어야 합니다.

아침에 일어나면 현실을 지탱할 기둥을 세우고,
그 옛날 엄마품처럼 따스함을 기초로 견뎌내야 합니다

저 멀리 그려지는 신선한 무지개 같은 새로움을,
그 시절 아랫목처럼 포근함을 기반으로 설계해야 합니다.

누가 뭐라해도 흔들리지 않는 생활지킴이를,
그 다음날까지 몽실몽실 새희망을 이어가야 합니다.

그렇게 되어간다

선과 악, 천당과 지옥, 긍정과 부정,
주와 종 만남과 외면 좋음과 나쁨으로 구별되고,

호와 불호 사랑과 미움 관심과 무관심,
흑과 백 애정과 무정 탈퇴와 가입으로 정리된다.

너무도 빠른 판단과 메마름으로,
변화되는 삶의 이분법적사고가 가속화되고,

인정머리없이 냉혹하게 택일함으로,
인간의 기계화 사람의 단순화로 변한다.

동물처럼 편해지려고 그렇게 되어간다.
기계처럼 단순해지려고 그렇게 되어간다.

바람직하지 않지만 그렇게 되어간다.
아쉽게도 너도나도 그렇게 되어간다.

규칙적 생활이려니

어김없이 다가오는 어스름저녁술시,
진정 나를 사랑하는 행위인지,
닮기 싫었던 부전자전의 레시피인지,

어제 마신 절친술과 만나야 하나,
자신만의 하루를 어찌 마무리하나,
잠시 몸뚱아리 오장육부 검색하면서,

내인생 내일도 잠깐 그려본다.
목운동 핑계 삼아 슬쩍 마셔본다.
그나마 하루하루 깔끔포장하려고 목축인다.

어려서 배운 도덕 시간의 바른 생활이려니,
반복되는 혼미스러운 규칙적 생활이려니,
이래저래 또 하루가 그렇게 저문다.

닻과 돛, 숯과 윷

쉬다가 움직인다.
기다리다가 나간다.
정박했다가 바람을 일으킨다.
망망대해의 진리 닻과 돛이옵니다.

참다가 내지른다.
멈추다가 행동한다.
인내했다가 힘을 발휘한다.
인간세상의 대박 숯과 윷이옵니다.

택배왕국의 왕노릇

문을 열어보니,
농부의 정성 쌀이 있고,
맛깔난 김치가 있구려.
바다의 향기 간장새우도 있고,
간편식품세트 라면 김 햄 참치통조림 땅콩과자가 모아져 있네.

문만 열었는데,
심신찮게 몇 끼가 해결되었고,
비대면 고마운 택배 아저씨 인사도 못했네.
주는 대로 먹고 보관하면 된다는 듯,
친절하게 안내문자도 자동으로 오네.

기왕지사,
입가심으로 유기농식혜와 감귤주스까지,
덤으로 쏘팔메토로 파워업하려고 건강기능식품까지,

룰루랄라,
항시 대기중인 쐬주 두병과 함께,
집콕으로 나자신한테 대접받다가,
택배콕의 택배왕국 왕노릇으로,
극진한 대접 받으며 살고 있네.

다섯게 그 별로

언젠가 답답할 때,
이제까지의 월화수목금을,
토일 휴무도 없이,
정진하고 바꾸고 싶을 때가 있다.

별처럼 반짝반짝,
대광고심정,
대(大)별 광(廣)별 고(高)별 심(深)별 정(晶)별,
소리없이 빛나고 싶을 때가 있다.

다섯게 그 별로,
크넓높깊맑,
크게 넓게 높게 깊게 맑게,
순수싸나이로 살고 싶을 때가 있다.

요즈음 너무나 쉽이,
겹쳐서일까요.
최근 안팎이,
뒤집혀서일까요.

코로나 보너스 백신 아침술

어젯밤 약간 모자라는 듯 채움술
이것저것 차근차근 내려놓고자 비움술
해독 근거없이 마셔대는 해장술

요즈음 새삼스럽지도 않은 혼술
기어코 나몰라라 빨아대는 덤술
거실탁자가 술청으로 대신 선술

야릇야릇 세상살이 안하무인 망각술
순간 번뜩 굿아이디어까지 번뜩술
급한 일은 대충 핸드폰으로 대신 해결술

콧노래로 스트레스 풀어주는 흥얼술
변비 자동으로 예방되는 쾌변술
집콕 코로라 보너스 백신 아침술

희망이 건강이다

흰 머리카락도 늙음이 아닙니다.
얼굴 잔주름도 불행이 아닙니다.
이빨의 흔들림도 약함이 아닙니다.
무릎 관절의 통증도 방해가 아닙니다.

어떤 일에 도전하세요.
하고자 하는 일에 초집중하세요.
함께 가고자 함에 몰입하세요.
우선순위 영순위로 열정을 다하세요.

간절한만큼 성취를 합니다.
행복의 동행길에 같이 걸어갑니다.
마침내 희망이 보이기 시작합니다.

그 희망이 '100세시대'의 전략입니다.
그 희망이 '인생제2막'의 보약입니다.
그 희망이 바로 건강입니다.

겹가치

20세기 17년 3개월,
21세기 17년 6개월,
도합 34년 9개월 오로지 하나의 직장에,

'바늘에서 항공기까지' 접해야 한다는 세상에,
변화에 무심한 채 무사안일하게 살았는지 곱씹어 본다.

낚시해본 사람이 물때 보이듯이,
경험과 도전이 필수임에도,
그리스 신화 기회의 신 '카이로스'가 그랬듯이,
타이밍이 중요함에도 이제까지 변화의 게으름을 탓해 본다.

행복 등등의 본질적 가치가,
돈 등등의 도구적 가치에 밀리고,
빛바랜 뉴스에 꺼벙이 노릇할 즈음에,
쌈박한 지식정보가 새로운 가치가 되고 있었다.

본질적 가치와 도구적 가치 모두 중요함을 인식하기에,
'겹가치*' 추구에 안간힘을 쓰기로 깊은 상념에 빠지니,
어느덧 희부윰 날이 밝아옵니다.

* 겹가치는 시인의 신조어

길상지지 황악산

정상에 오르면 하는 일들이 거침없이 성공한다는,
길상지지(吉祥之地) 김천 황악산
국토의 큰 줄기 백두대간을 오르네.

가을 가랑비는 내 머리를 살포시 때리고,
여름내 지친 낙엽은 어리광 피우며 내 살갗을 간지럽히네.

어느새 산허리는 안개로 가득하고,
어느덧 해발 1111미터 비로봉은 구름 위로 솟아 있네.

이제 오르막과 내리막의 가르침을 배우고,
일상으로 가고자 재촉하네.

다다른 길에 익살스런 청솔모가 반기고,
산악동호인들과 막걸리 몇 잔에 피로는 금방 풀렸네.

무탈산행에 모두 모두 반색하니,
자연이 스스로 그러하듯이 서로서로 마음이 편해지네.

미사용 성공인자

국민학교가 초등학교로 명칭이 바뀌고,
좌측통행이 우측통행으로 보편화 되고,
재미삼았던 성유머가 성폭력으로 여론의 삿대질 받고,
생물학적 지능이 인공지능으로 자연스레 활용하고 있는
요즈음,

인간의 유전인자 속에는 누구나 성공인자가 있음에도,
빠른 변화에 적응하지 못해서 '처진 실패자'가 되고,

비 오는 날 벤치에서 무드 잡고 책 읽으면 웃음꺼리이듯이,
아직도 좌측통행 우기면 부딪쳐서 코 깨지듯이,
현실과 미래에 '뒤떨어진 불만자'가 된다.

내 주머니속의 성공인자를,
변화인자를 그때그때 뽑아 사용해야 됩니다.

오클랜드 미션베이 WWRF

주변 나뭇잎은 바람(Wind)이라는
음악에 맞춰 하늘거리고,

미션베이 갈매기가 파도(Wave)라는
음악에 맞춰 너울거리고,

들뜬 여행객은 뉴질랜드 로토루아 민요*
'포 카레카레 아나'라는
연가(戀歌) 리듬(Rhythm)에 맞춰 춤을 추고,

나와 뉴질랜드 오클랜드** 친구는 고국의
추억(Fair)이라는 음악에 맞춰 오래된 우정을 나누네.

* 뉴질랜드 로토루아 민요(어릴 적 한국에서 번안해서 많이 불리던 노래
~비바람이 치던 바다, 잔잔해져 오면,
~오늘 그대 오시려나, 저 바다 건너서,
~그대만을 기다리리, 내 사랑 영원히 기다리리.
** 로토루아, 오클랜드, 미션베이는 뉴질랜드 주요관광도시 명칭

눈빛

게으름은 평생 갖은 핑계로
발목을 잡고,

어리석음은 다 아는 척
행동으로 옮기지 아니하는데,

이를 극복하고자
열정의 눈으로 도전의 빛으로,

전국 모임 설렘 버스에
탑승하였네.

성공을 내품은 사람은
아픔의 표현도 아름답게 하고,

꿈을 실현하고픈 사람은
뜨거운 가슴으로 맞이하니,

하늘 하늘
올해 첫 눈발이,

'희생' '봉사' '사랑'의 눈빛으로
서로 서로 어루만지네.

인간이기에

묵언정진 고승이 잠시 쉰다.
키우던 개가 흘레하는 것을 보고 무언가 불끈한다.

산속 수도승이 나무 그늘에서 한가로움을 맞이한다.
발끝의 곤충이 교접하는 것을 보고 속세의 딴 생각이 난다.

육십평생 이꼴 저꼴로 다져진 내공구단이 새로운 환경을 만났다.
삶의 방향이 좌충우돌 삶의 판단이 우왕좌왕한다.

인간의 본성은 본래 왔다리갔다리 합니다.
인간이기에 흔들림이 당연합니다.

있음과 편함

돈이 있어야
술이 있다
애가 있어야
정이 있다
영이 있어야
혼이 있다
일이 있어야
잠이 있다
참이 있어야
함이 있다

날이 편해야
낮이 편하다
발이 편해야
밤이 편하다
맘이 편해야
몸이 편하다
삼이 편해야
삶이 편하다
숨이 편해야
쉼이 편하다

119에 실려갔어요

난 완전기계치는 아닌데,
운전을 아니합니다.

그래서 주로 대중교통을
이용한답니다.

하온데 시내버스 삼십 분 거리에,
'전생아낙네'가 하는 주막이 있답니다.

오늘도, 해거름과 함께 그 방향의
119번버스에 실려갑니다.

어쩔 땐 그 119를 놓치기도 하는데,
십여 분 기다리면서 해넘이 청춘을 그려봅니다.

잠시 후 119에 실려 가는 데,
그래도 마냥 즐거워 한답니다.

서로의 삶을 으르렁하며 뉘우치는
'순수아낙네'가 기다리는 듯해서랍니다.

육십 문턱 단상

새로운 세상을 만나는 심정으로 이어갈까 합니다.

다시 시작하는 마음으로 살아갈까 합니다.

그동안 골깊은 상처덩어리도 치유해야 하고요?

짬짬이 이루어 놓은 기쁨조각도 간직해야 하고요?

선택과 집중 변화와 도전을 반복하면서,

육십 문턱을 슬기롭게 넘어가야 하겠지요?

좋은 사람은 많습니다!!!

보물 찾듯 찾아가면서 조용하고 우아하게 살아갑시다!

어찌 잊으랴

육이오를 잊으랴,
임진왜란을 잊으랴,
몽고침략을 잊으랴,

십 년은 흐르는 시간 속에서 기다림이었지만,
십 년은 장구한 원한 속에서 미련하리만큼 술로 앙갚음했네.

합쳐서 이십 년, 몸은 비실비실 맘은 갈기갈기,
실어증 대인기피증부터 노후 생활비까지 더불어 바닥났네.

얕게 사는 자들은 나름 조직의 편을 짜서,
개인의 실리를 가득 얻었건만,

어쩌면 어리석고, 어쩌면 올곧고 깊은,
이 빼앗긴 육신에 새 살은 언제나 돋을까요?

그래도 누구를 원망하랴?

그래서 시를 읊고, 에세이를 쓰고.
음악을 가까이 하지 아니했던고?

내 탓이로다.
미워하지 말지어다.
아직도 갈 길이 멋지지 않습니까?

오후반이고 싶어라

어릴 적 오전반보다 오후반이 여유로웠다.

돌이켜 보니 인생 오전반에 많은 경험을 했네요.

파레토가 얘기한 팔십 퍼센트 대 이십 퍼센트 중,
팔십 퍼센트는 영혼도 없이 진흙탕에서 살은 듯하다.

아직도 오전반에서 무리하게 몸부림치는,
내 또래 오후반의 뭇생명이 너무 많구려.

이제는 뒤바뀐 이십 퍼센트를 배려하려 애쓰며,
팔십 퍼센트를 좀 더 느긋하게 반성하면서,
꽃길에서 살고 싶다.

이제부터는 여유로운 오후반이고 싶어라.

계란숫자와 나

계란한판의 나이에는,
잘 나갔습니다.

최연소 어쩌구라고,
신문에도 났습니다.

주변엔 본의아니게,
가짜 충성인도 많이 끼었습니다.

어느새 계란두판의 나이,
여러 곳에서 깔보네요.

너무 앞서 가서인지,
여지없이 왕따 시키네요.

아부 못 한다고,
'외로운 늑대'를 만드네요.

착각과 적응

이제까지,
'착하게 생각'하는 '착각'으로
어리석게 삶을 영위했노라!

이제는,
좌측 날카로운 매 우측 예리한 독수리
이른바 '좌매우독'의 눈으로 훑어보겠노라!

그리고,
따뜻한 가슴으로 보통 사람과 특이한 사람
인연을 맺고 판단하겠노라!

또한,
숭고한 가치를 공유하고 배워가면서
차디찬 현실을 적응하겠노라!

나무아미타불

어두워야 흰 것이 잘 보입니다

배가 고파야 밥이 맛있습니다

골이 깊어야 산이 높습니다

변비에는 설사가 좋습니다

간절해야 크게 성취합니다

바닥에서 정상을 그립니다

이목구비

정화시키려고
    귀를 쫑긋했나요

직시하려고
    눈을 집중했나요

다양함을 느끼려고
    입을 우물거렸나요

균형감각으로
    코를 씰룩댔나요

이제 지난 날을 회상하며
    내얼굴을 어루만져볼까요

앞으로의 삶을 희망하며
    자기얼굴을 뚜렷하게 그려볼까요

바라는 꿈

낮엔 좋은 시간을 갖고
밤엔 선한 만남을 통해,

좌로굴러 우로굴러 뒤척임을 운동 삼아
자면서도 웃는 모습으로 그윽하게 살고파,

침실의 째깍째깍 시곗소리
자장자장 자장가 되고,

창밖의 부지런한 이름모를 샛소리
재잘재잘 리듬 삼아,

내일을 위해 넌지시 꿈을 꾸면서
오늘도 배시시 잠이 든다.

달항아리 포근함을

오지랖이 좁아
외로움을 자처하는 뒷모습

왠지 씁쓸하고
서걱거리는 인생의 뒤안길

똥을 꼬집어
내음새 내는 우직한 똥고집

낙엽이 찬바람에 씻겨가듯
군중 속에 내던져진 사내같이

알싸한 바람처럼
홀연히 사라진 그대

그대여!
그냥 껴안으세요

그리고 짬을 내어
달항아리의 포근함을 느끼시길!

찜질

고온 저온 들랑거리며
속세 땀 흘려보내고,

니 잔 내 잔 번갈아가며
밀린 잔 기울이고,

하릴없이 이쪽저쪽 힐끗힐끗
찜질까운 매음새 점검하고,

아래층 위층 왔다리 갔다리
니 일 내 일 없고,

어색 잠자리 숨소리
그래도 모처럼 힐링이라네.

심(心)

인생일막 사표를 던지고
잠시 어두운 터널의 긴 나락을 지나

스치는 주마등을 억지로 멀리하면서
가끔은 엉클어진 사색과 혼밥혼술하면서

내가 곧 우주요 생명이요
삼라만상이 부질없음이로다

이제 본연의 자리에서
인생이막을 흔쾌히 가려 한다

나는 나답게 가치 있게
너는 너다운 것을 존중하리라

온통

넌 암컷
난 수컷

머릿 속
가슴 속

암컷 58
수컷 무술

술술 먹히길
실실 풀리길

모두~~~
온통~~~

* 전국 58개띠 친구들을 그리워하며

비움

누군 요강 비우고
누군 된장통 비우넹

색꾼은 사랑 비우고
술꾼은 인생 비우넹

(억만)장자는 부족을 비우고
(거렁)뱅이는 그릇을 비우넹

(영웅)호걸은 흥한을 비우고
(잡동)사니는 생사를 비우넹

혹자는 몸을 비우고
현자는 마음을 비우넹

응가

답답내장 변비탈출신호
　　1차응가는 딱변

일상을 다시 맞이하는
　　2차응가는 쾌변

계속되는 폭음을 자제하라는
　　3차응가는 설사

여년 어찌할꼬

학교배움생활 일십여 년,
자택소유생활 이십여 년,
직장돈벌이생활 삼십여 년,
술자원봉사 사십여 년,
남자성기능 오십여 년,

인생희로애락 어언 육십여 년,
이제 남은세월 기껏 몇 년,
연금수령세월 고작 몇 년,

여년(餘年) 어찌할꼬,
옛 삶을 헤쳐 그려보니,
나에겐 그냥 그래도,
기쁨 슬픔 아우르는,
술자원봉사가 적합한 듯.

단서(但書),
그 자원봉사는,
무리하지 않음이 어떨꼬,

글구,
그 연금은
근육연금, 골수연금, 혈액연금까지 어떨꼬.

그리운 베사메 무쵸

저에게 키스해주오,
오늘 밤이 마치 마지막인 것처럼,

탱고 자락에 라틴 재즈 음악에,
장단 맞추어,

술 한 잔에 어설픈 노래방에서,
목청 높여 악을 쓰며 끼를 푸네,

리라꽃 라일락 수수꽃다리,
마치 으악새 슬피 울 듯,

무쵸 너무,
베사메 사랑하니까,
오늘도 그리움에 사무치누나,
그 옛날 아부지 십팔 번 베사메 무쵸.

화성에서 온 남자
금성에서 온 여자

다름과 틀림
우기지 말지어라

음경과 음핵
빼지지 말지어라

음낭과 음순
상호보완이어라

고환과 난소
모자람보충이어라

그리고

전립선과 자궁
서로의 인격이어라

아침단상

밤새 밀린 숙제하듯 둘만의 축제를 치르고,
모처럼 여섯 시 첫 시내버스를 탔다.

십여 명의 시민들이 표정을 훔쳐본다.

부지런히 일터에 나가는,
중년 이상의 아줌마 아저씨가 대부분이다.

버스 좌석수 세어보니 이십 석,
여섯 시 이십 분쯤 벌써 좌석은 다 채워지고,
몇 명은 서서 간다.

매일 같은 버스 같은 시간에 타는 듯,
인사를 건네기도 한다.

여섯 시 삼십 분 목적지에 내리면서,
짧은 시간이지만,
이들에게 삶에 대한 아련함과,
필연의 부지런함을 배워본다.

상고대

늦가을 겨울채비솜꽃
얼음같이 맑은순수꽃

누가 뭐래도 피는 서릿발꽃
희망을 그리는 안개구름꽃

한해를 정리하는 마무리꽃
그래야보는 부지런한 산사람꽃

머언 바다가 그리워서 꼬리치는
얼음새우꼬리꽃

내가 매년 기다리는
열정의 아낙네꽃이어라

얼쑤

낼도 보고 모레도 보고
님도 보고 뽕도 따고
도랑 치고 가재 잡고
마당 쓸고 엽전 줍고

숙제도 하고 축제도 즐기고
누이 좋고 매부도 좋고
면도 하고 이야기 듣고
꿩 먹고 알 먹고

술도 먹고 안주도 먹고
영시기하고 거시기도하고
얼~~~쑤~~~

몸부림

긴 여행이 인간사 그러할진대
큰 실망으로,

몇 개월 머언 나들이가
쭉쟁이들과의 어쩔 수 없는 조우로,

인생일막 마무리 한마당이
폼잡는 시정잡배들과의 먹먹한 아픔으로,

애시당초 그려진 축제는 몇 차례 변질되어
가지말아야 할 니전투구장으로,

아, 어찌하오리
최선을 다했으니 차선으로 몸부림치네,

아, 어이하오리
열정을 다했으니 정열적으로 살기로 하네.

마음을 되잡고
아름다운 인생이막을 준비해야지.

낡은 신발

어쩔 땐 판소리 수궁가 깊은 소리처럼
'난감하네',

어떤 여인이 데이트 장소에 슬리퍼 신고,
모임 노래방 무대에 낡은 신발로 등장하네.

내 생각입니다만, 다소 엉뚱해도
삶의 연륜이 묻은 그윽함이요.

저의 소견입니다만, 지극히 세련된
상대방 배려가 깃든 편안함의 자기표현이요.

제 표현입니다만, 순수하게 때 묻지 않은
신데렐라 유리구두처럼 보이네요.

설날

설 전날,
모처럼 아들 셋과 나들이,
몇 년 만에 부부 여행은 덤.

'훈·민·우' 삼형제 중에는,
서산 이모 이모부 첫만남,
요즘 건강이 악화되었다네.

도착 즉시,
반가움에 '먹고 보자' 이모 제안,
인근 보령시 '천북굴단지'로 고고씽.

겨울 별미 석화구이와 한잔,
바닷바람에 더 싱싱해,
술도 덜 취하네.

이모 집에 다시 도착,
아쉬움에 추가 한잔,
이런 얘기 저런 얘기 술 열병 뚝딱.

푹 자고 정월 초하루 맞이,
설산 주변 서산에서 설 흰떡국에,
창밖엔 한해 행운아 온다는 정월 초하루 설(눈).

삼형제와 두 내외는,
새해 첫날부터,
'어떤 행운이 오랴' 설레입니다.

서른여섯 여인과 살고파

1 마누라, 부인, 집사람,
4 아내, 처, 당신,
7 여보, 임자, 자기,
10 색시, 각시, 여편네와 함께,

13 그녀, 신부, 애엄마,
16 내님, 안방마님, 새댁,
19 마담, 와이프, 파트너,
22 우리집규수, 할망구, 동반자와 함께,

25 짝지, 짝꿍, 나의달링,
28 애미, 겨집, 장모님딸,
31 연인, 커플, 나의여인,
34 안주인, 관계자, 한이불거시기로,

두루두루 영원토록 살고파.

갈 곳이 없네

몸 깔끔히 집을 나서니,
맘 그리며 갈 곳이 없네.

일놀이 돈놀이 술놀이 잠놀이 모아 인간놀이,
그간 놀이행적을 더듬어 흑백 가려보네.

백점만점에 인생채점관은 채점보류,
놀이 자체에 객관적인 문제가 있다고 시간만 끄네,

그럼 난 누구를 위하여 종을 울렸던가,
점점 나약해지고 착해지는 듯하네.

아무리 심심해도 아무데로는 가기 싫고,
진정 몸맘 둘 소중한 곳 열정적인 사람 없을까.

111心 3不

1차만 마시기로,

1가지로 빨기로,

1일 건너뛰기로 한다.

2차까지 아니하고,

폭탄주는 아니하고,

매일 마시지 아니한다.

신박타령

몸은 비록 동박새 진박새 쇠박새처럼,
작고 가녀릴지라도,

살아가면서 채찍과 담금질로,
흥부놀부의 박처럼,
세상을 박차고 나가 다지고 다져,

가슴은 박씨 가문의 거물인양,
권선징악의 다섯마당 작은 거인이고 싶어라.

추억 속으로

망중한,
오십여 년 전 살던 집으로!!!

나의 집은 '드림빌리지'라는 연립주택과
인근 '미르마을'이라는 아파트 분양사무실로 변했구려.

추억의,
오십여 년 전 초등학교 속으로!!!

여전하구나!
 레일형 여닫이 교문, 모두 볼 수 있는 대형게시판, 용두마을 건설기념탑, 축구골대가 있는 운동장, 국기게양대와 식수대 본건물, 중앙의 큰시계, 엄숙한 단상용 시상대, 백미터달리기 순서번호판, 남녀노소 즐기던 철봉, 학교앞 횡단보도 그림, 아련한 옆담장 골목길,

늠름하구나!
 소나무와 단풍나무, 느티나무와 은행나무, 입구의 대나무숲 '오죽헌', 그리고 내가 좋아했던 능수버들, 충무공이순신동상과 세종대왕동상, 졸업기념증정 표시 큰바위.

생기고 바뀌고 없어졌구나!
담장 대신 개방형 계단식 통로와 병설 유치원 생기고,
즐기던 개구멍은 철재 담장으로 바뀌고,
내 겨드랑이를 피로 물들였던 허접한 미끄럼틀은 없어졌네.

아~~~ 이 모든 것이 그립구려!!!

인생제2막, 내와 맛의 변신

구린내 지린내 고린내를 없애
좀 더 상큼하게,

군내 탄내 풀내를 살짝 데쳐
좀 더 가치 있게,

비린내 곰팡내를 줄여
좀 더 맛깔나게,

떨더름한 맛 매슥매슥한 맛 매스꺼운 맛을
좀 더 감칠 맛으로,

아린 맛 역한 맛 울렁거리는 맛을
좀 더 고소한 맛으로,

매케한 맛 쾨쾨한 맛 싸한 맛을
좀 더 구수한 맛으로,

인생제2막, 쌉싸름한 맛을
좀 더 달착지근하게 삽시다.

긴 여행의 길목에서

술과 밥의 갈등
육체와 영혼의 겨루기
비와 눈의 기다림일까요.

암컷과 수컷의 차이,
오르막과 내리막의 감각,
헐벗음과 차려입음의 허접한 싸움일까요.

몸과 마음의 챙김,
미움과 아름다움의 판단,
불안함과 편안함의 자기선택일까요.

테미별곡

있네~ 있네~
테미가 있네

술이 있네
고미술이 있네
현대음악이 있네
보리밥과 빈대떡이 있네
과거사 애매모호한 순수아낙네가 있네

꽃과 나무가 연중 있네
인근에 보물이 감춰진 보문산이 있네
크고 작은 암자와 절이 있네
사시사철 산짐승과 산사람이 있네

그래서
난 오늘도 어제와 만나 앉아 있네

테미~ 테미~
기가 넘치도록 살아있네

아직도 오래된 노래처럼
삶의 애환이 잔뜩 담겨있네

도인식 회갑자리에서

인생제2막
열정적으로
건강하고
즐겁게

은근 자기암시로
위 주문처럼
도인답게
삽시다

내 몸뚱어리와 대화

오랫동안 마구 다룬
내 몸뚱어리에게 조용히 묻는다.

눈과 코, 입, 귀는
얼마나 닳고 녹슬었는지요.

식도와 위, 장, 간, 폐는
너무 무리하게 버티지 않았는지요.

머리와 가슴, 팔, 다리는
제대로 사용했는지요.

좋은 벗님들과 음주가무를 즐기려면
오랜 시간 축적된 독소를 빼야겠네요.

이쁜 가시내들과 멋진 여행을 원커든
허물어져 가는 면역기능을 높여야겠네요.

더 늦기 전에 내장이 튼튼하고
사지가 멀쩡하도록 스스로 처방해야 하느니라.

이제부터는 내 몸뚱어리와 차분히 대화를 나눠
백세시대에 지장이 없게 행동해야 하느니라.

삶과 잠

천년삶 천년잠
천지(天地)의 영역이요,

백년삶 백년잠
인간(人間)의 조화요,

십년삶 십년잠
열정의 흐름이요,

일년삶 일년잠
계절의 감각이로다.

백일삶 백일잠
성취의 도전이요,

한달삶 한달잠
고등(高等)의 분석이요,

하루삶 하루잠
하등(下等)의 실험이로다.

속보, 백세 마름질

육체가 병약해질 무렵
정신줄을 바싹 강하게 붙들고,

정신이 나약해질 무렵
몸뚱아리를 바싹 힘차게 일으키고,

인생 여행길 생명의 좌우길
육신의 평형감유지가 바로

속보, 육체오십 정신오십
도합 백세 마름질이 아니겠소.

오욕 상관관계

다섯가지, 인간의 원초적인
욕심이라 했던가.

왕년에, 식욕이 넘치니
색욕이 강해졌던가.

한참 때, 재물욕이 불끈하니
명예욕까지 살아났던가.

하오나, 어찌하여 육신관리를
제대로 못하였던가.

네 가지 욕심, 식욕 색욕 재물욕 명예욕
모두모두 무너져가네.

온전치 못하게, 줄여야만 하는
수면욕만 무자게 세지네.
날름날름, 적당한 소일거리 찾아
방치 말고 꾸준히 움직여 봄세.

언즉시야, 늦기 전에 인생짐 바리바리
수면욕을 줄여 봄세.

문득 두바이 여행추억

산유국 아랍어 메뚜기 두바이
메뚜기도 한철 엄청난 도시발전,

메르스도 한철 사막에서 낙타 타듯 성장통
낙타가 바늘구멍 들어가듯 기회의 투자통,

터빈 히잡 쓰고 폼나게 호통치는 왕자 왕비
문명의 성쇠를 경험하며 만든 실크로드,

모래바람 일으키며 달리는 사막 랠리 차량처럼
자신감충전 세계 최대부호들과 즐기는 쇼핑몰처럼,

이제는 나도 내 주위도 철저하게 변해볼까나?

그나마 남은 인연들과 아기자기 보듬고
여지껏 날 미련스레 지키는 꼰대들과 함께
그래도 희로애락애오욕을 챙겨주는 아낙네들과 같이,

사막에서 기적의 오아시스를 내가 찾아서
사막에서 새로운 자아문명을 이룩해 볼까봐.

그래도 반반하게

사람살이 반반,
세상살이 반반.

    여성반 남성반,
    내꺼반 니꺼반.

뻔뻔하게 살지 말고,
번번하게 삽시다.

    반성의 반복들,
    반복의 반성들.

그래도 반드럽게 삽시다.
어쨌든 반반하게 삽시다.

돈 조반니

오스트리아 태생
볼프강 아마데우스 모차르트 오페라 '돈 조반니',

대전 테미음악연습실의
심심풀이 밴드 마스터 고오 조옹,

오페라 중간 "카탈로그의 노래"에선,
그 바람둥이가 5개국 2,065명의
여인네와 노닐었다네.

밴드마스터 고오 조옹 선생은,
전국을 사연 따라 전전하면서,
어림잡아 65명 아낙네를 울렸다네.

인생무대와 시공간적 범위는 달라도,
억척 삶 속의 카사노바 고오 조옹이고요,
보기 드문 역사 속의 돈 조반니 올씨다.

그날 정리

아주 간결하게,
그나마 깔끔하게,
하루를 의미있게,

그날을 깡똥하게,
정리하는 최상의 인테리어는,

냄새 좋은 뭇사람과,
향기 나는 뭇사물과,

한 두어 잔 건네다가,
스르르 잠이 드는 겁니다.

테미별장 한여름 휴가

어느 안과 밖에서도
체온 넘게 푹푹 찌는 폭염한반도,

지레 겁먹고 올봄에 무리하게 손댄
나의 음악연습실 겸 테미별장으로 피서 중,

간식으로 의사가 무서워하는 영양 토마토와
찐 하지감자로 속을 채우니 밀려오는 나른함,

이십여 곡의 배호님 경음악으로 무더위
잠재우는 낮잠과 단잠,

다시 일어나 자연스레 응가하니
옆집 빈대떡집 여왕벌은 일개미 남정네들 먹여 살릴 준비,

곧이어 음식과 술이 있고 벗과 나그네가 모여들고
음악과 쟁이들이 흥을 돋을 채비,

마무리로 잠이 보약 시원한 홑이불과
숙면 목침베개로 나를 눕힘,

지상낙원은 저리 가라 이곳이다
나이야 가라 무더위야 가라 요곳이다.

알 수 없어요

나만의 희귀병인가요,
너만의 고달픔인가요,

나만의 불치병인가요,
자네만의 구슬픔인가요,

나만의 난치병인가요,
내님만의 서글픔인가요,

나만의 고질병인가요,
당신만의 가냘픔인가요,

나만의 '신의 저주병'인가요,
그대만의 '인간아픔'인가요.

엄마의 간단명료 어록

밥 묵짜.
꼭꼭 씹어.

차조심 해라.
선생님 말씀 잘 듣고.

너무 어지럽히면 아빠한테 혼난다.
이리와 옷 벗어 빨자.

얼굴에 무슨 고민이 그렇게 많아.
엄마한테 얘기해줄래.

싸우지 말고,
주변정리 잘하고.

직장 댕길만하냐.
좀 힘들어도 참아라.

애들 잘 크니.
뭔 일 있으면 전화하고.

요즘 술 너무 먹는 거 아니니
남 해코지 말고 착하게 살거라.

어느 날 꿈길 엄니훈요십조

삼시세끼는 먹고 다니냐

니 애비처럼 과음하지 말아라

쓰잘데없이 친구들과 싸우지 말아라

너무 고집 피지 말고 남 얘기를 들어라

꾸준하게 약한 몸을 단련시켜라

능력껏 주변에 베풀어라

무게 잡지 말고 니 속을 표현좀 하거라

정신줄 놓지 말고 즐겁게 살아라

가끔 조상과 늙은이를 챙겨봐라

사내는 항상 큰그림을 그려야 한다

백천한백

한민족의 영산, 2,750m 높이의 흰머리 백두산.
세계에서 가장 높다는, 화산호수 천지.

한반도의 영산, 1,947m 높이의 은하수 잡아당기는 한라산.
남태평양의 큰바람 막는다는, 평화호수 백록담.

지구상 마지막 분단국가, 반만년 이어오는 대한민국에,
다양한 식물과 신령스런 기암괴석은 이미 휴식군락이구려.

팔천만쉼터 삼천리금수강산, 서로 이제 아픔을 어루만지세.
백두산 천지 한라산 백록담, 평화로 우뚝 백천한백 만드세.

살짝

이제는 삼시세끼 덕담으로,
지난 과거사는 교훈으로,
스리슬쩍 견뎌냅시다.
인생 제2막 다시 스치는 옷깃은,
수많은 경험치의 대사로,
순간순간 너무도 소중함입니다.

건강 길들이는 음악과,
치매 혼쭐내는 노래가 있음에,
그냥 훈훈함 자체입니다.

머리목베개가 다소 편치 못함에,
발목까지 챙겨주는 베개는,
더없이 잠스러움을 줍니다.

때마침 내 마음을 가을비가 살짝,
외로움에 버거운 내 육체를 술이 살짝,
차츰차츰 편안함과 함께 할렵니다.

여정

어두운 긴 터널 밖에는
밝은 새로움이 늘 드러나고,

종일 지친 해거름 뒤에는
뉘엿뉘엿 포근함이 자연스럽네요.

막바지 고달픈 진통 후에는
해탈의 따스한 쉼터가 있는 듯,

내내 지겨웠던 싸나이 아픔은
아낙네의 해맑음으로 치유되는 듯,

이것저것 세상만사 눈물은
그럭저럭 웃음으로 맹글어요.

여여(如如)로운 삶의 약속

모진 풍파와 슬픈 과거는 조용히 내려놓는다.
삿되고 썰렁한 인연은 사알짝 지우려고 노력한다.
금전관계의 어긋난 톱니바퀴는 슬며시 정리정돈 한다.

평소 안쓰던 근육 신경 혈관을 활성화하여 여생을 즐긴다.
지친 몸뚱아리의 약점을 보완하며 건강의지를 확인한다.
자기만의 안락함을 위한 취미활동을 습관화한다.

비우고 채우는 먹거리, 편안하고 달콤한 잠자리, 우아하고 세련된 옷차림을 유지한다.
눈 뜨면 아름다운 생각과 흥얼거림으로 하루하루를 이어간다.

남은 인연 그날그날 생애 최고의 인연으로 승화시킨다.
떨어져 나뒹구는 은행알 신세 될 그날까지 스스로 비바람을 맞고 이겨낸다.

내 자랑

내가 무섭다
내가 많이 인내했다.

주변의 무수한 악무리를 견뎌냈다.
부딪쳤다 들이댔다 질러댔다 빨아댔다.

큰그릇으로 담고 버텨냈다.
나름 모름지기 최선의 방안을 찾아냈다.

어려워지니 더 생기는 깊은 수렁을 이겨냈다.
웃음탈을 쓴 뭇사내 뭇겨집의 칡엉켜짐을 풀어냈다.

내가 해냈다.
내가 그토록 자랑스럽다.

기분 좋은 마지막 잔

흐느끼며 떨어지는 마지막 잎새,
흐느끼며 길 떠나는 마지막 잎새,
배호님의 마지막 노래를 듣고 즐긴다.

반복되는 울림,
'싸늘히' '참았던' '흐느끼며' 🎵♪

때론 싸늘히 삽시다.
때론 참았던 그때로 삽시다.
때론 흐느끼며 울던대로 삽시다.

오늘도 그대를 생각하며 외칩니다.
기분 좋은 마지막 잔을 위하여.

감사하라

이루어지고 있음에 감사하라.
주변의 착한 지인과 함께하라.
그동안의 경험과 실패를 바탕으로 하라.
보통사람들도 맘에 들게 본보기 하라.
수고하였으니 나 자신을 살펴보아라.

이미 이루어졌음에 감사하라.
탄생한 밝은 세상에 이바지하라.
그동안의 고통과 설움을 씻어라.
세상의 어려운 사람을 이끌어줘라.
새롭게 다가오는 큰세상으로 다가가라.

국악 입문에 즈음하여

북 장구 징 꽹과리
피아노 바이올린 비올라 첼로

대금 해금 가야금 거문고
색소폰 트럼펫 드럼 기타

피리 단소 아쟁 얼후
클라리넷 하프 오카리나 우쿨렐레

손풍금 아코디언 손피리 플룻
국악가요 퓨전음악 문화상생 클로스오버

오음오성 궁상각치우
칠음칠성 도레미파솔라시

판소리 추임새 아니리 너름새
오케스트라 앙코르 커튼콜 브라보

얼씨구 전통음악 절씨구 우리음악
얼쑤 열린음악 스을슬 시작해봄세

지팡이

추적추적 내리다 비 개인 겨울문턱에
동네 산자락이 그리워 서둘러 나왔네.

여러번 벼락 맞아 강해졌다는
나무지팡이를 깜박 잊고 그냥 나왔네.

오르락내리락 마음지팡이를 짚고 다녔던
오늘 산행을 더듬어 보네.

아름드리 느티나무에 가려 인기척이 소리척인
산중턱 벤치에서 땀을 식히며 생각에 젖네.

나뒹굴고 있는 낙엽처럼 버려진 멍멍이는
엄청 배가 고픈 듯 먹이를 찾고,

산도로 사주작명 노파는 몇 십년째
생계정도 유지하는 듯 그 자리를 지키고,

어쩌다 산에 오른 노부부는 이제부터
다정하게 지내려는 듯 간식을 나눠 먹고,

삼삼오오 아낙들은 평범한 일상을
스트레스 풀 듯 재잘거리고,

외로운 사내는 느티나무 허물 벗듯
깊은 상념에 빠져 자아 정리를 하네

없으면 없는 대로 있으면 있는 대로
나무지팡이건 마음지팡이건 지팡이 노릇 제대로 함세.

버려진 뒤 찾은 자아

편안한 잠자리가 그리워진다.
따스한 두루마기를 입고 싶다.
정이 어린 먹거리가 생각난다.
그윽한 눈길이 새삼 그리워진다.
반가움의 말투가 귀에 어른거린다.

스스로 잠자리를 깔아야 한다.
노력의 댓가로 두루마기를 걸쳐야 한다.
상호존중 맛깔나게 먹거리를 차려야 한다.
서로 배려하는 눈길을 주어야 한다.
진정어린 말투가 몸에 배어야 한다.

주다음수 우리인생

酒 한잔 걸치고,
茶 한수 읊고,
飮 한모금 마시고,
水 한컵 들이킨다.

酒 한잔으로 만나고,
茶 한수로 음미하고,
飮 한모금으로 되씹고,
水 한컵으로 풀어본다.

우리몸 칠할 칠십프로,
우리사랑 에치투오 풀코스,
우리사회 사단계 인증,
우리인생 담금질 사자성어로다.

너와나 주다음수(酒茶飮水) 채우려고,
매일 자연스레 애쓴다.

아이러니

세상 공짜없음 깨우침에
모으려는 물욕 진지해지고,
시름 잊으려는 폭탄주에
해장국속풀이는 연일 그립네.

쓰디쓴 오랜 시련에
인생단맛 앞당겨 느껴보고 싶고,
대인처럼 산정상 오름오름에
소인배 동네바닥 낱낱이 비치네.

갈고 닦은 득도의 경지에도
삶조차 무거운 외로움은 도사리고,
비움의 상징인 불상 앞에도
불전함으로 자연스레 채워져 있네.

반성문 변천사

그 옛날에도 잘못이 명확했습니다.
그래서 반성문 자구도 선명했습니다.

이래저래 어느덧 세월이 많이 흘렀습니다.
이제는 그 대상도 그 잘못도 오리무중입니다.

마음은 늘 더 잘 하려고 한답니다.
그러나 요래저래 몸이 말을 듣지 않습니다.

어제는 나른한 몸 일찌감치 꿈나라에서 헤맸답니다.
본인이 약속한 현실세계 주요선약을 깜빡하고 말았습니다.

정신이 혼미해서 오락가락한답니다.
상대방에게 미안스런 전달이 애매모호합니다.

이제 정신줄 몸줄을 사려 깊게 챙겨야 합니다.
가급적 정상적인 반성문을 제대로 써야 합니다.

지혜로운 삶

항상 긍정적으로 생각하고,
적절한 자극을 주면서,

약간 젊게 도전하고
조금 더 열정을 다하면서,

가급적 몸의 탄력을 유지하고
지속적으로 적당한 운동을 하면서,

'화낼 줄 몰라 건강하게 오래 산다'는
거북의 지혜로운 삶을 배웁시다.

여러번 태어났습니다

단군의 자손으로 단기(檀紀) 4,291년에 태어났습니다.

부처의 불심으로 불기(佛紀) 2,502년에 나타났습니다.

예수의 사랑으로 서기(西紀) 1,958년에 응애하고 나왔습니다.

원불교의 바람대로 원기(圓紀) 43년에 바르게 생각하고 왔습니다.

단기 불기 서기 원기 네 벼리를,
오므렸다 폈다 하면서.

4,391 2,602 2,058 143 백세를 향해,
여러번 슬기롭게 살겠습니다.

일일요일

일요일 지나도 또 하릴없는 일요일,
어떤 만남을 기대하면서,
유독 긴 장마에 '목척교'를 몇몇 차례,
굽어진 우산과 동행했다.

그래 노래나 유튜브로 듣자,
내 나이에 걸맞은 트롯을 즐기면서,
'대전천'의 수채화와 리듬을 타며,
군중속 고독을 즐기는 척했다.

홀로 꼬마김밥으로 끼니 때우고,
두어 시간 지나 따분해서 쐬주로 입가심하고,
취기에 매일 가는 집구석을 찾아,
잠이나 자면서 다음 일요일을 맞을 준비하였네.

아이코 안되겠구나,
늘 지친 무료한 세상에서 벗어나,
새로운 내 삶을 개척하면서,
싱싱한 월요일 내음새 풍기며 살아야겠구나.

이맛돌

살면서 만난
모든 잡돌을 활용하면서,

살면서 추린 돌덩이를
주춧돌과 디딤돌로 사용하고,

앞으로 동행할 뭇무리와
머릿돌에 한땀한땀 정리하며,

앞으로의 기회를 듬직하고 지혜롭게
이맛돌로 돌탑 쌓듯 밝혀봄세.

세상 까꿍

눈 내릴 때 아름다움은
눈 녹을 때 지저분함을 까꿍,

우야든동 지금 쬐께 힘듦은
우짜든동 나중 다소 편함을 까꿍,

돈의 향기로 이룩함이 있기에
사랑의 향기가 메마를 수 있음을 까꿍,

깔맞춤으로 변신한 멋짐은
다양함을 놓칠 수 있는 한계를 까꿍,

유레카! 세상을 제대로 보고 자연을 읽고
타인의 마음을 담는 세상을 까꿍.

트롯에 빠지다

요즈음 깊은 음률에 빠져,
내 삶과 점철되어 눈물이 고이네.

어언 육십 년 갓 넘은 오장육부를,
애잔애절애틋한 오음육률로 녹이네.

감동뭉클짠한 옛사연 삶들이 온몸을 젖어,
고음과 가성 떨림과 꺾기로 울부짖네.

수술후 실밥제거하듯 그냥 모든 걸 내려놓듯,
내몸마음이 짠하여라.

으랏차차차 심폐비간신 얼쑤얼씨구 궁상각치우
내트롯이 맛깔 나누나.

사랑타령

모든 노랫말에
운명 같은 사랑,

가지가지 인생사에
숙명처럼 러브,

옛 그리스 로마에서도
에로스 큐피드 아모르,

차원 높은 정신세계에서도
아가페러브 플라토닉러브,

음력양력 크리스마스 석가탄신일도
오로지 러브타령,

동서남북 상하좌우 천생연분 인연도
애오라지 사랑타령,

일자리 밥자리 술자리 잠자리도
타령 사랑~ 사랑~ 사랑~.

쐬주 십력

하나, 싼 가격으로 마약기분을 낸다.
둘, 내 앞 여자가 이뻐 보이고 여친과 진도를 빠르게 한다.
셋, 슬픈 기억을 잠시 잊게 한다.
넷, 식사 안해도 생명유지 가능케 한다.
다섯, 친구 연인 등 먼 사이를 가깝게도 한다.
여섯, 전투력이 상승하여 조폭도 두렵지 않게 한다.
일곱, 불안감 해소에 특효이고 동물체험을 할 수 있게 한다.
여덟, 하릴없을 때 심심풀이 일거리를 대신한다.
아홉, 희한하게 자동으로 집을 찾게 한다.
열, 수면제 값 절약하면서 숙면을 취하게 한다.

단계별 시간 4등분

서서 8시간
앉아서 8시간
누워서 4시간
자면서 4시간
씩씩한 24시간

서서 6시간
앉아서 6시간
누워서 6시간
자면서 6시간
나름 24시간

서서 4시간
앉아서 4시간
누워서 8시간
자면서 8시간
그냥저냥 24시간

서서 0시간
앉아서 0시간
누워서 12시간
자면서 12시간
모르쇠 24시간

시방
난
몇 단계
어느 시간에
걸쳐 있을꼬?

말장난 글장난

거검 거하게 살려고 대학병원에서
  검진을 큰돈 들여 여러 번 하는구나.

다달 다리가 뻐끈한 건 너무 삶을
  달려서 근육과 뼈에 무리가 왔나봐유.

도돈 도를 편하고 거룩하게 닦고자
  돈을 빡세게 벌려고 그러지유.

벼볕 벼가 알알이 익도록 가을의
  볕이 무자게 따사롭게 비치는구나.

부불 부뚜막을 편평하게 잘 쌓아야
  불편하지 않게 솥을 걸지유.

애앱 애를 지식인으로 키우기 위해 각종
  앱을 다양하게 깔아주는구나.

주줌 주고 듣고 이빠이 활용하려고
  줌 세미나 회원가입 후 기다리는구나.

관계 정리 힌트

남녀관계 정리하려고,
　　　일부러 '모텔비용 더치페이 하자'고 했다.

싸나이 의리 관계 정리하려고,
　　　카톡으로 '백만원만 꿔줘'라고 했다.

인간관계 정리하려고,
　　　큰병으로 '나는 자연인'으로 간다고 했다.

기아관계 정리하려고,
　　　귀여웁지만 '꼬마김밥'을 입안에 쏙 넣었다.

암컷수컷 정리하려고,
　　　확실한 '고환과 자궁을 무성화 중성화' 해버렸다.

마음근육강화

세상살이 상전벽해(桑田碧海)
그것도 모든 게 실시간검색(実時間檢索)

육체근육강화는 당연지사(當然之事)
이제마음근육강화까지 주야장천(晝夜長川)

남천(南天)

흰꽃은 유월 붉은열매는 시월,
도심화단에 꿋꿋이 피어있는 남천,
어김없이 내정원이 되어주네요.

손을 호호 귀를 비비며 걷는 십이월,
옹기종기 붉은열매가 내난로가 되어주네요.

유월꽃 가을단풍 시월열매,
삼박자 손색없이 내온실이 되어주네요.

남천의 작은형뻘 마가목,
남천나무의 큰형뻘 사과나무,
모두 정열의 붉은 열매 내아들 삼형제 같구려.

덕산 이종수 作 /밤비 박영식 부훈(父訓)

추석 만남 청포도

덜 익지 않았으면서 열매가 푸른 청포도

씨가 투명하게 보이는 미래설계사

어느 것은 어려서부터 씨없는 장래전략가

껍질째 몽땅 먹게 하는 능력헌신자

알 크기가 균일하여 불평 없게 하는 사회평등자

빛깔이 맑고 산뜻한 송이청신자

과즙 과실살이 밝아 화이트와인생산자

열매속 꼭지까지 확실하게 내민 안전종결자

구연산 유기산을 풍부하게 주는 영양배려자

무게를 자체조정 옹기종기 틈실하게 열린 종합내실자

코로나 때문에 올 추석 선물로 만난 청포도

훈아 형, 컨닝

테스형, 너 자신을 알라고 했지요 소크라테스.

레스형, 인내는 쓰고 열매는 달다 아리스토텔레스.

순신형, 죽고자 하면 살고 살고자 하면 죽는다 이순신.

보고형, 청해진 설치 힘차게 해상무역 주도 장보고.

트라누나, 흥미진진 생애 러브스토리 여왕 크레오파트라.

귀비누나, 꽃도 부끄러워 잎을 말아 올린 미녀 양귀비.

관순누나, 아우내장터 태극기사랑 독립만세 유관순.

임당누나, 시와 그림을 좋아한 현모양처 신사임당.

엉뚱

술고래가 낮아진 과일소주 알코올도수에 놀라듯,

작은 물고기가 나와바리 물거품과 넛살에 놀라듯,

카사노바가 바람둥이금지구역에서 숯총각에 놀라듯,

색골각시가 떠도는 인연 때문에 비비각시에 놀라듯,

배뚱땡이가 무자게 묵으면서 홀쭉이에 놀라듯,

세상만사 모두 나 자신처럼 엉뚱하도다.

해학적 욕과 여과

일리12 있게 시비12 거는 '헛똑똑이시비론자',

똥개를 두마리나 끌고 다니는 '개쌍녀언',

오모리 찌개 먹고 꽁무니 빼는 '똥싸배기',

파리 가서 아까운 예산만 낭비하는 '대갈빠리',

밴댕이 젓갈 너무 좋아하는 '밴댕이소갈딱지',

안들어오고 매달리는 비상식 인간 '안드로메다',

수박 씨발른 것처럼 처절하게 싸우는 '스파르타쿠스',

유전체 게놈프로젝트와 혼동되는 '이런인간개놈',

때론, 상대와 껄끄럽고 거북스러울 때,

해학적 욕은 인간관계 여과장치를 하고,

청량감을 주더라.

한글날 홀짝파빨 왕과의 약속

짝수달 시월 홀수일 구일
홀짝수 한달내내 마시던 술버릇을,

홀수나이 육십오세 짝수나이 오팔년개띠
몸 상태 건강상태가 최적이 아닌 조짐으로,

백성과 내 주변을 위하는 훈민정음 창제 반포 심정으로
한글날 가갸날 세종대왕과 약속을 했다.

홀수일은 건강상태가 파란 청신호 암시로
일삼오칠구 쭉쭉,

짝수일은 건강상태가 빨간 홍신호 암시로
이사육팔장 술뚝,

어찌하랴 인간무리 중요한 선약속은
왕과의 약속 핑계로 자제 절제하면서,

자화자찬 홀수와 짝수 양수와 음수 경사로구나
어쩔 수 없는 세월인연 시절인연 '홀짝파빨'입니다.

기왕지사 여성상위

새벽에 남성·수탉이 제구실 못하고,
여성·암탉이 울면 집안·사회가 어찌 됩니까?

이 세상 남성들이 으랏차차차 해서,
집안의 기둥이 되고 사회의 나침반 구실을 해야 되는데
말입니다.

요즈음 여성들이 이쪽저쪽에서 싸움닭처럼,
남성들을 윽박지르며 깔보네요.

어느 허름한 곳곳에서는 남성들이 외롭게 혼밥혼술,
옆자리 목소리 큰 여성들 구경만 하네요.

여기저기 간 큰 여성은 큰 가면을 쓴 채,
이미이미 아들보다 딸이 더 좋다고 하네요.

아이쿠,
기왕지사 여성·남성 전환하자고 하네요.

아기부처와 돌연못

모처럼 '내마음팔경' 계룡산으로,
연휴에 집에 들른 어느덧 성년이 된,
귀염둥이 막둥이와 동행했다.

사십여 년 단골식당에서,
공주밤막걸리 몇 잔 걸치고,
슬슬 심신을 풀어제끼고,
'삶은얘기' 하며 오른다.

이윽고 동학사에 이르니,
고즈넉한 사찰의 아기부처가,
문득 막둥이의 어릴 적 모습과 닮았고,
그 돌연못은 그 옛날 아늑한 아기유모차와 닮았다.

그날 연월일 인연도 범상치 않네 20201010,
그리하여 아기부처에게 물어본다.

이제 돈 번다고 아빠를 가끔
술 사주고 밥 사주고 용돈 주니 그렇게 보이는 건가요?
아니면 잘 키우고 그나마 잘 자란 인과응보인가요?

내려오는 길에 재물의 상징인,
부엉이 민속작품 암놈수놈 두 개 샀다.
그 복도 듬뿍 받아보려고 욕심냈다.

연휴를 마치고 내일을 향해 다소 이르게,
돌연못에 이쁜 연꽃이 피어나듯 인사 건넨다.

다시 만남을 은근슬쩍
염화시중 하면서~~~~~~

어쩌면 의무

소아(小我), 가족 보살핌은 일차의무요,
대아(大我), 후배 키움은 이차의무입니다.

아들딸이 내가 뿌린 행복씨앗으로 꽃망울열매 맺고요,
　다음세대 십이년아래 띠동갑이 나와의 인연으로 성공을 마주합니다.

아들딸손자손녀 삼세대가 훈훈하게 오며가며 웃고요,
　욕심이지만 십이년아래 띠동갑 이성대화친구가 생기면 금상첨화입니다.

일차이차의무 단순무식하게 의무적으로 이행한다면,
　어쩌면 그 다음세대까지 환하고 맑은 세상이 이루어질 듯 합니다.

칠흥(七興)

솔솔라라솔솔미

치치우우치치각

황황태태황황무

학교종이땡땡땡

큰곰작은곰자리

북두칠성북극성

새옹지마인간사

♬♬♬♬♪♪♪

내코털 내자존심 지킴이

키가 작다고 은근 무시하고,
학벌이 낮다고 기죽이고,
재산이 없다고 업신여기고,
인맥이 시원찮다고 눈내리깔고,
자리가 쫄병이라고 내팽개치고,

집안이 나약하다고 깔보고,
부모자식이 무지하다고 모질게하고,
출신지역이 다르다고 깐족거리고,
옷차림이 허접하다고 내지르고,
먹거리가 잡스럽다고 깎아내리고,

위와 같은,
꾸질꾸질하게 잠자는 사자 코털을 건드리거나,
지저분하게 상대방의 자존심을 손상시키는 행위를 불식 (拂拭) 시키고,

이 시대 공동체는 쌍방간 인간답게 존중하고 배려해야,
아마도 내코털 내자존심도 지킬 수 있는,
수준 높은 인격체가 되지 않을까요?

무(無)

바늘이 밀가루 찌르듯,
허투루 무감각하구나.

꽃이 향 없듯,
헛고생 무정하구나.

갯벌이 모래 없애듯,
생고생 무관심하구나.

겨울이 봄 앞지르듯,
자연스레 무소식하구나.

인간이 신 된 듯,
거짓스레 무의미하구나.

하늘이 구름 없애듯
헛공부 무신경하구나.

사나이 겨집 없듯,
헛살음 무념무상하구나.

☾*
밤비 내린 후 푸른솔은 더욱 푸르러지고,
더 푸른솔은 밤비 애잔하게 품고 있네.

forest(provisional title), Hokusay(Nickname), (USA)

3

삼백일 버티니 묘각

201-300

어느 맛난식당 글귀만남

'월 색 화 색 불 여'
'月 色 花 色 不 如'

'오 가 족 화 안 색'
'吾 家 族 和 顔 色'

'달색 꽃색이 좋다고 한들'
'내 가족의 화목한 얼굴색만 못하다'

밤비도 더없이 인정하기에
열두자 그려보았다.

행복협의회 자격증과 인증서

귀하는 2022 그 어렵던 세파를 이겨냈으므로,

삼십 년 이상 더 살 수 있는 자격증을 수여하고,

'인생은 만남이다' 평생동지 밤비, 박영식의,

'내 마음의 전당' 인물로 선정되었음을 인증합니다.

엄정 심사 후 이천이십이년 십이월삼십일일에,

자칭 '한반도 행복협의회장' 밤비, 박영식이

그 증서를 드릴 예정입니다.

부상으로 폭탄주 일곱 잔입니다.

인생노래 번안(飜案)

한 때 무자게 어려웠습니다.
그때그때 '꼬마인형'을 번안해서 불렀습니다.

♬♬♬ 꼬마인형을 가슴에 안고,
　　　나는 기다릴래요. ♪♪♪

♬♬♬ 꼬마김밥을 입안에 넣고,
　　　배고픔을 잊을랍니다. ♪♪♪

♬♬♬ 내넋두리를 넋반에 담고,
　　　제정신을 차릴랍니다. ♪♪♪

♬♬♬ 멋진사내는 늙지 않고요,
　　　그냥 그냥 익는답니다. ♪♪♪

♬♬♬ 힘찬해녀는 숨비소리로,
　　　휘파람을 부른답니다. ♪♪♪

♬♬♬ 즐건음악은 건강 길들이고,
　　　치매를 혼쭐냅니다. ♪♪♪

그리하여 이제는,
삶의 매듭이, 거의 풀렸답니다.

쭈욱 같음과 다름

같은씨 다른 곳에,
삼천여만 백성중 사백여 씨족이 살고 있다.

같은씨 여러 곳에,
열여섯 공동체가 옹기종기 살고 있다.

밀양, 함양, 반남(나주), 순천, 무안, 죽산(안성), 고령, 충주, 진원(장성), 영해(영덕), 울산, 월성(경주), 상주, 경주, 춘천, 강릉,

위 순서대로 박(朴)씨가 인해전술 하면서
같은씨 할애비할무니가 이제까지 쭈욱,

미우나고우나 아옹다옹하다가,
늙으나젊으나 죽거니살거니 살고 있다.

행복의 본질, 극기

길 위에 놓여있는 바위가,
장애물이냐 디딤돌이냐,
철조망이냐 섬돌이냐.

에디슨 전구 발명전 147번,
라이트형제 비행성공전 805번,
이른바 '147, 805법칙' 실패냐 성공이냐.

까치가 나무꼭대기 우듬지에,
집을 지을 때 수많은 반복행위,
미련함이냐 현명함이냐.

악기는 꽉 찬 재질의 속을 비워내야,
아름다운 소리를 낼 수 있는 스스로 비움행위,
진정 허냐 실이냐.

앓아 누운 주인이 열 머슴의,
몫을 해대는 인내 행위,
삶의 포기냐 열정이냐.

아옹다옹 말고,
알콩달콩 극기하면서,
행복의 본질을 왜곡하지 말지어다.

애씁시다

주흥을,
　　건강할 때 즐겨라.
　　하오나 예를 갖춰라.

세월을,
　　그냥 흘려보내지 마라.
　　알차게 만들어 가라.

희망을,
　　알게 모르게 놓치지 마라.
　　항시 적극성을 보여라.

진실을,
　　아예 모른다고 하지 마라.
　　가급적 감춰진 것을 찾으려고 애씁시다.

첫눈으로부터

눈 눈 눈 첫눈이,

사랑 믿음 인정 관계가,

굳고 깊고 넓고 많았기에,

도탑고 두껍고 두텁고 돈독하였기에,

그로부터 물 물 물 눈물이 되어 내린다.

새판짜기 아우성

세상이 한참 달라졌음을 실감한다.
끈끈한 우정 학벌 의리와는 전혀 관련없다.

그룹그룹 작은공간 빌려 새판짜기 아우성이다.
나날이 번지고 불어넣고 회원영입 싸움이다.

하루에도 새기운 새리더가 여기저기 생긴다.
곳곳에 질펀다양한 새판이 스마트폰과 함께 판친다.

'삼육구게임'인가 삼개월 육개월 구개월의 흑백논리,
짧은 세월에 일확천금과 거지신세 희비교차한다.

'들락날락투자게임'인가 몰인정의 극치,
상위그룹 약간명은 희희낙락,
하위그룹 대부분은 말짱도루묵이다.

임상시험

일상시험입니다.
주님 상추 깻잎 돼지고기.

이상시험입니다.
된장찌개 김치 공기밥.

삼상시험입니다.
유튜브 음악 꿀잠 꿈나라.

나의 일상 이상 삼상시험입니다.

완벽 임상시험으로 다음날 신고 다닐,
흰고무신(백신) 개발 중.

요즘일기

밖에 나갈똥말똥
집에 머물똥말똥

        핸드폰 받을똥말똥
        뭇인간 만날똥말똥

내몸이 나릿나릿
내맘이 하롱하롱

        바둑고수 수담(手談)하듯
        말 귀찮아 눈빛으로

삽상(颯爽)한 소주 몇 잔에
하루하루 요즘일기

백세 지킴이

외롭지만,
이십세까지는 나를 지켜라.

괴롭지만,
사십세까지는 자신을 지켜라.

귀찮지만,
육십세까지는 본인을 지켜라.

힘들지만,
팔십세까지는 자아를 지켜라.

수고스럽지만,
백세까지는 스스로를 지켜라.

역발상과 척

오랜 시간 직립보행하다가 삐끗해졌다면,
가끔 물구나무서기 해주면 개운해집니다.

손발이 어둔한 기계치라면,
잔머리 굴리는 일이 수월할 수 있습니다.

이성 친구가 없어 외로울 때에는,
때론 있는 척하고 번지르르 다니면 생깁니다.

주머니가 비어 배고픈달 모임에는,
다음달 해결하는 척 배부르게 먹으면 됩니다.

이놈저놈 술 안사고 뺀들거릴 때에는,
은근살짝 쏘는 척하면 왠지 모여듭니다.

삶이 버거울 때 역발상하고 척하면,
새로운 아이디어가 쉽게 떠오릅니다.

인생 거기가 거기

그 옛날 중용(中庸),
지나치지 아니하고,
모자라지 아니하고,
치우치지 아니하고,

    그 옛날 싯다르타,
    비우고,
    깨닫고,
    내려놓고,

그 옛날 환단고기(桓檀古記),
우리 역사 바로 알기,
환국 배달 단군조선,
계연수 이유립 안함로 원동중 이암 범장 이맥,

    그 옛날 몸뚱이 지킴이,
    자연 찾아 건강 찾아,
    인삼 산수유 비수리
    천연식이유황 쏘팔메토 옥타코사놀,

그 옛날 마음 지킴이,
사람 찾아 사랑 찾아,
술안주 고기가 고기,
인생 거기가 거기.

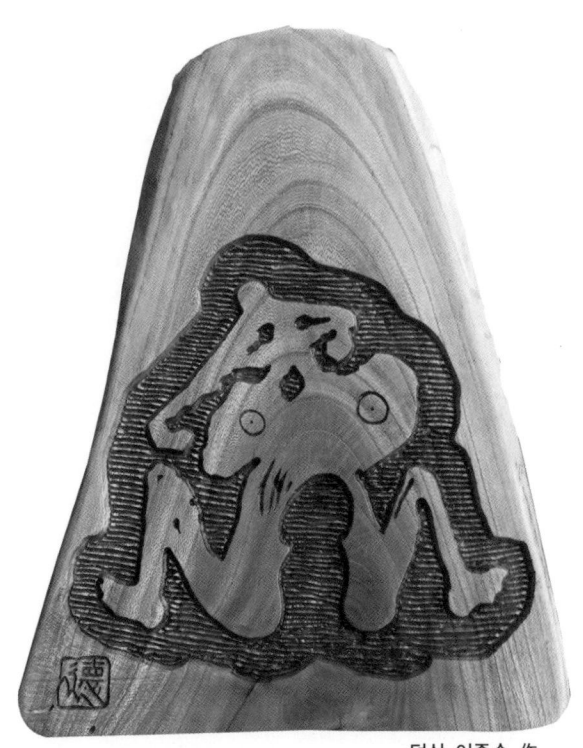

덕산 이종수 作

그릇된 가르침

어느 연말 강의장 졸병으로 들어간 나,
요이땡 준비땡 착실한 학생으로 변신.

강의 주요사항을 핸드폰으로 간단 정리 중,
쬐께 고참이 집중하라고 어깨를 툭툭 치며 질책.

요새 나이탓으로 가끔 머저리그룹과 합류인정,
커피타임 중복질책에 인내한계 점잖게 약간 항의.

요즘은 '핸드폰에 메모 기능이 있어 활용한다'고 설명,
다른 찌질이 고참이 로마에서는 로마법 운운.

그릇된 가르침 구닥다리 고참들,
신로마법은 공부 안 하는 생뚱고집불통들.

모두 내탓 송구영신 내년에는,
우야든둥 서로 배워서 소통 잘 합시다.

무지개 찾아 향기 찾아 오늘도

어젯밤엔 달도 휘영청,
왠지 오래 만날 후배와 기분 훨훨,

희부윰 밝아오는 새벽즈음,
묵은 오줌비움길에 다리가 휘청,

시계는 한방향으로 간다고 했던가,
어제는 어젯밤에 끝났도다.

공짜는 없다 저승길도 뱃삯을,
매일매일 자신에게 선물합시다.

영롱한 희망의 무지개를 찾아,
잔잔한 호수의 향기를 찾아 오늘도.

오공오평

자아를 진실하게 공개(公開),
타인과 과감히 정보 공유(公有),
모든 걸 솔직담백 앙금 없이 공감(共感),
서로 심금을 울리며 공명(共鳴),
같이 도우며 영원토록 공생(共生),

어머니 포근한 손길처럼 평안(平安),
아버지 꿋꿋한 기개처럼 평생(平生),
날마다 맛있게 건더기와 멀국 평이(平易),
넓은 바다 잔잔한 파도 더불어 평탄(平坦),
해와 달이 뜨고 지는 우주자연 평화(平和).

삼합(三合) 백년해로(百年偕老)

홍어삼합 홍어 수육 묵은지 맛있도다.
소고기삼합 소고기 조개관자 표고버섯 맛깔난다.
반상삼합 밥상 술상 해장상 시원하다.
게임삼합 가위 바위 보 재미있다.
장난삼합 말장난 글장난 시장난 깔끔하다.

색상삼합 빨강 파랑 노랑 아름답다.
아낙삼합 계집 낭자 현모 조신하다.
사내삼합 새끼 범인 군자 늠름하다.
삼성삼합 여성 남성 중성 성스럽다.
인연삼합 우연 필연 악연 맺어진다.

사주삼합 자축인묘 진사오미 신유술해 장생한다.
유불선삼합 유교 불교 선교(도교) 어우르다.
기천이삼합 기독교 천주교 이슬람교 아우르다.
천지인삼합 하늘 땅 사람 통합하다.
삼합삼합삼합 백년해로 맞이하자.

'밤비' 와 '푸른솔'

시호(詩號)는,
밤비와 푸른솔,

밤비 내린 후 푸른솔은 더욱 푸르러지고,
더 푸른솔은 밤비 애잔하게 품고 있네.

이름은 '억현영식',
사알짝 짓궂은 사행(四行),

억만금 주어도,
현금은 부질없으니,
영원토록 사랑하면서,
식구처럼 삽시다.

성(性)은 김(金이)요 박(朴이)요,
그럭저럭 인생 후반전 멋지게 꾸며봅시다.

따분한 비대면 온라인,
언택트(untact) 시대이지만,

나이 성별 지위고하 무관하게,
포노 사피엔스(phono sapiens),
오늘 하루만에 짠하게 사귀어 봅니다.

어거지

어거지로 낮술에 취해 본다.
쇼파잠 쿨쿨하는 척하다가 곧 깨다.

억지로 듣기 싫어 잠을 청한다.
크릉크릉 콧소리 칙하다가 멀쩡하다

억지춘향으로 시간땜빵 노래한다.
가짜 춘향몽룡월매 그럴싸 등장하다.

부러운 일상

아침 먹고,
하고픈 일 2시간 새콤했습니다.
희망찬 일 2시간 새콤했습니다.
베푸는 일 2시간 새콤했습니다.

점심 드시고,
세상과 동행 2시간 달콤했습니다.
그대와 일심 2시간 달콤했습니다.
자신과 본심 2시간 달콤했습니다.

저녁 잡수시고,
그럭저럭 2시간 행복했습니다.
그냥저냥 2시간 행복했습니다.
이래저래 2시간 행복했습니다.

그리하여,
새콤달콤 행복한 꿈,
푹 6시간 잤습니다.

고로,
누구도 부러운 일상,
하루종일 24시간 보냈습니다.

자리타령

세월따라 슬슬 내 자리가 없어지네요.
내 보금자리 앉을자리 설자리 챙겨줘요.
책상 개인용컴퓨터 팩스 정해주지 않아도 돼요.

이제는 으뜸자리 버금자리 따지지 않겠소.
시건방지게 윗자리 아랫자리 구분하지 않겠소.
업무추진비 급식비 여비 아니 줘도 돼요.

더 늦기 전에 지낼자리 때울자리 베푸소서.
주제넘게 많은 월급 수당 보너스 바라지 않겠소.
구름따라 비울자리 잠자리 되지 않겠소.

어느 인간관계

뿌리가 가늘고 얕다.
유전자의 벽 어쩔 수 없다.

트라우마가 길고 깊다.
인내의 한계 버티기 어렵다.

됨됨이가 허울 좋은 인심이다.
시공간을 풀지 못해 낭비할 뿐이다.

삶 판짜기가 짧고 단순하다.
오랜 관계가 지속될 수 없다.

눈높이 마음높이가 늘 엉켜있다.
참관계를 솎아낼 수 없다.

이래 저래

이 길 저 길 갈 길이요,
이 생 저 생 고생이다.

이 일 저 일 소일이요,
이 돈 저 돈 푼돈이다.

이 것 저 것 내것이요,
이 복 저 복 행복이다.

이 난 저 난 병란이요,
이 병 저 병 염병이다.

이 불 저 불 큰불이요,
이 물 저 물 눈물이다.

이 잠 저 감 꿀잠이요,
이 쉼 저 쉼 숨쉼이다.

이 술 저 술 웬술이요,
이 래 저 래 고래로다.

온통 가을걷이

모두 들뜬 시월 마지막 날,
'고엽' 샹송을 들으며,
개암 헤이즐넛 커피 향에 젖는다.

무얼 할꼬 하다가,
단순한 내 궁시렁궁시렁에,
뭇아낙이 우문현답하네.

"이성 짝꿍이 없어 단풍구경 못 간다오?",
"단풍(丹楓)은 밝은 눈만 있으면 된다네.",

단풍관광 떠나지 아니하고,
그래도 갈색 향기 느끼고파,

내 고향 대전역 앞 '중앙시장'에서,
내가 좋아하는 어릴 적 내 별명 '밴댕이' 젓갈 장보기와,
'가을빛 순대'와 '겨울맞이 쐬주'로 낙엽추억을 뇌까리는데,
얼쑤 모두 삼만냥에 후회 없는 떡을 치네.

'하늘은 높고 말이 살찌는' 시월,
갈색 플러스펜으로 몇 자 읊고,
여름내 덮다가 바꾼 갈색 이불 속으로 뒹구네.

먹거리 들거리 찾거리 쓸거리 덮거리 볼거리,
온통 가을걷이하네.

63세월빌딩

63세월이 빠르다고 했던가요?
문득 '반달위앵두' 같은 엄마젖이 그립습니다.

63빌딩이 높다고 했던가요?
높디높은 이상과 야망이 있었습니다.

63머리악을 쓰며 삶의 절규도 했던가요?
사랑부엌 부지깽이처럼 헌신해봤습니다.

63다리가 붓고 쥐나도록 노력도 했던가요?
사랑채 가마솥 귀한 손님맞이하듯 했습니다.

63객관적시간 후회 없이 했던가요?
크로노스cronos 허투루 하지 않았습니다.

63주관적시간 앙금 없이 했던가요?
카이로스kairos 허벌나게 보냈습니다.

깔끔

떨떠름한 일상 마무리에,
꿈에서조차 뒤숭숭하다.

너저분한 숱한 행동거지에,
주변사람에게도 매끄럽지 않다.

흐리멍덩한 이웃의 생활습관에,
나까지 전염되는 듯하다.

정수리 비듬부터 발뒤꿈치 각질까지,
정리정돈 깔끔한 마음가짐 생활화합시다.

스카우터scouter

육십청춘노릇 제대로 하려면,
인재를 발탁할 수 있는,
스카우터가 되어야 합니다.

늘그막 헛똑똑이 벗어나려면,
헛소리 그만 중단하고 상대 잘 찍는,
스카우터가 되어야 한다.

스스로 능력이 없다고 판단되면,
잔잔한 '샘물인품'으로 그를 읽을 수 있는,
스카우터가 되어야 합니다.

고목나무에서 꽃을 피우려면,
진골급 추천할 수 있는 왕실급,
스카우터가 되어야 합니다.

서로 흐뭇하게 살려면,
성골급을 물색할 수 있는 왕실특급,
스카우터가 되어야 합니다.

개성 배려

누구는 삼각팬티 난 사각팬티,
영자는 쪼이게 난 널널하게,
철수는 처음부터 난 마지막에 응가힘을 주네.

어떤 사내는 생색내고 까버리고,
순진무구 아낙은 숨기고 움츠리고,
암수한몸된 할배는 두리뭉실 요래조래 하네.

틀린 게 아니고 다른 거니까,
나름나름 은밀하게 살려주고,
개성 배려해야 사는 재미 쏠쏠하다.

백세 곱빼기 비법

시간을
  건강하게 앞뒤로,

오전을
  기쁘게 위아래로,

오후를
  실하게 집중몰입으로,

하루를
  넉넉하게 따따블로,

백세를
  여유롭게 곱빼기로.

보아요

마주 보아요,
한껏 진실해집니다.

바닥을 보아요,
서로 훈훈해집니다.

꽁무니도 보아요,
억울하지 않습니다.

내면까지 보아요,
애먼 사람 잡지 않습니다.

얼레빗과 우리조상 멋

한 올의 머리카락까지,
반달빗.

이마에서 정수리까지,
가르마빗.

관자놀이에서 귀 사이까지,
면빗.

상투를 틀어 올릴 때까지,
상투빗.

한쪽은 성글고 한쪽은 촘촘하게 하는 것까지,
음양소.

귀앞머리카락 살쩍 귀밑머리카락 구레나룻까지
살쩍밀이.

내림질 대패질 바라지 살잽이질,
살밀이 빗등켜기 새김칼질까지.

우리조상님 멋지게 얼레빗 만들어,
알뜰살뜰하게 애지중지 사용했네요.

얼레빗 하루그림

나의 애장품 얼레빗,
반달 모양의 월소(月梳) 대추나무빗,
계룡산 갑사 부근 명장(名匠) 수공예작품.

빗살이 촘촘한 참빗이 다소 부담스러워,
그래도 성글은 내마음 빗어주는 스물여덟 빗살.

머리카락 빠질라 머리숱 적어질라,
아침 눈뜨자마자 거울 앞에서,
두피마사지 내몸 쓸어주는 건강 빗살,

벼락 맞아도 대추나무는 행운을 주고요,
대추나무에는 사랑도 주렁주렁 걸린다네요.

하루를 그렇게 시작한 지 어언 이십 년,
얼레빗으로 머리 가다듬고 그날을 날마다 그린다.

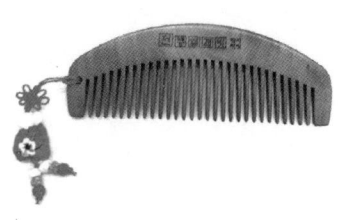

행복바이러스 전파

내가 남의 말을 듣고,
행복한 느낌을 받았다면 전파해야 한다.

남이 나의 행동거지를 보고,
해피한 생각을 공유한다면 집중탐구 해야 한다.

나와 남이 몸내음새를 맡고,
향수 같아서 흐뭇하다면 재활용해야 한다.

나와 이웃이 서로 먹거리를,
맛깔나게 먹는다면 반복 음미해야 한다.

나와 창생(蒼生)이 장기간 호전 반응이,
나타나서 씩씩해진다면 거듭 공감해야 한다.

삼위일체 가을단풍

가을단풍이,

일위(一位) 절정사랑인 듯,
이위(二位) 참숯가마의 참나무장작불처럼 자신을 불태우면서,
삼위(三位) '밤비' 시두(詩頭)로 열정시상(詩想)이 붉게 떠오르게 하네.

삼족(三族),
부자손(父子孫),
아버지 아들 손자가 합심한 듯,

삼세(三世),
과현미(過現未),
과거 현재 미래를 우문현답하면서,

삼재(三才),
천지인(天地人),
하늘 땅 사람이 들락날락하면서,

삼족 삼세 삼재를 아우르는,
또 하나의 삼위일체(三位一體),
걸작풍경 이루네.

단계단계 딴딴

세상일은 묻고 파야 이루어집니다.
꾸준히 반복해야 뭔가 다가옵니다.
스텝바이스텝 착실해야 점진적으로 성취합니다.

옹알이 혼잣말하다가 금방 달변가 되지 않듯이,
산모도 열달 정성 들여야 완벽한 영장(靈長) 출산하듯이,
빼어난 성악가도 힘껏 토해야 유명 소프라노 되었듯이,
성충매미도 땅속에서 육칠 년 애벌레로 고생하듯이,
왕대나무도 마디마디 튼실하게 커야 다양하게 쓰이듯이,

알겠지요. 모든 일은,
단계단계 딴딴하게,
어설프지 않게 하는 것이 당연합니다.

새기고 새기라

맥 빠지고
기운 빠지고

맥 풀리고
긴장 풀리고

의욕 떨어지고
기억력 떨어지고

정신줄 희미하고
건강줄 희미하고

그럼 아니 되옵니다
점점점

미풍이 강풍되고
소류가 대하 되옵니다

심신에 백세 자양분을
새기고 새기라

가훈(家訓)과 생활신조(生活信條)

살면서 꼭 필요한 사항들,
인생관 가치관 도덕관 슬로건 모토 캐치프레이즈,
좌우명 신명 가르침 강령 목표 주의주장
등등 숱하디숱하다.

그래서 자택에 평생,
붙이고 걸어놓고 지키고 보고 느끼고 간직할,
'가훈' '부훈' '생활신조'라는 형태로,

"삼형제 사이좋게"와 "오며가며 웃자",
두문구열석자를 고민 끝에 선정하여,
20년 전 직장 부근 서예교실 선생님께
부탁·부착했다.

그나마 아들 셋 잘 자랐네요.
큰 말썽 안 피우니까요.

그나마 인상 거의 안 쓰고 다녔네요.
삶의 우여곡절이 많았는데 불구하고요.

자장가 콘서트

옛날 옛적에.
우리 엄마 팔베개 무릎베개,
'자장자장' 우리 아가 꼬꼬 닭아 멍멍개야,

요즈음 혼밥혼술에,
좋은 노래 열두 번 유튜브 연속 듣기,
'나야나야' 자기인생인 양 가사 따라잡다 잠이 들고,

언뜻 그 누가 유명사찰 절간 자장가,
'심우도(尋牛圖)' 자장가 얘기,
참말씀 참진리 엄마 소를 찾고찾기,
'음메음메' 쉽고도 어려운 자장가입니다.

'심우도(尋牛圖)'와 견주다

인간의 본성을 찾아가는 길,
수행단계 '십우도'(十牛圖)라고도 합니다.

1. 심우(尋牛) / 소를 찾아나서다.
2. 견적(見跡) / 소의 발자취를 발견하다.
3. 견우(見牛) / 소를 찾다.
4. 득우(得牛) / 소를 얻다.
5. 목우(牧牛) / 소를 길들이다.
6. 기우귀가(騎牛歸家) / 소를 타고 집에 들어오다.
7. 망우존인(忘牛存人) / 소에 대한 모든 것을 잊은 채 앉아있다.
8. 인우구망(人牛俱忘) / 소와 사람 모두 공이라는 깨달음을 원상으로 나타내다.
9. 반본환원(返本還源) / 있는 그대로의 세계에 대한 깨달음을 산수풍경으로 나타내다.
10. 입전수수(入廛垂手) / 중생제도를 위하여 석장을 짚고 저잣거리로 나서다.

난 육십여살 여섯 번째 수행단계,
'기우기가' '소를 타고 집에 돌아오다'로 감히 견줘 봅니다.

마지막 종소리

학교종이 땡땡땡땡,
수업개시와 수업종료를 알립니다.

사찰범종 둥둥둥둥,
대중모임과 현세시각을 가르칩니다.

헤밍웨이종 긍정낙관,
'누구를 위하여 종을 울렸나' 속삭입니다.

여행관광종 기념품으로,
나를 생각하며 마음 비우고자 가져옵니다.

참시작종 깨우치면서,
마지막종 멋진울림 장식하고 싶습니다.

단상(斷想)과 장고(長考)

어제도 오늘도 내일도,
생겼다 없어졌다 반복하면서,
만물의 영장인 내가 장고했으니 '나를 따르라',

순수하고 작은 일손들을 꼬셔 모아서,
무언가 만들다 스쳐 가는 큰손들,
결국 허무한 빈손으로 가면서도 '나를 따르라',

어제도 '폰벨소리' 엄청 울려댔다.
장고한 것이라고,
오늘도 '카톡카톡' 같이 가자고 한다.
장고한 것이 여기 있다고,
내일도 '밴드밴드' 회원가입 하란다.
장고한 것이 크게 보인다고,

너무도 보통사람들을 현혹시키고 있어,
죽 내려온 역사진실을 바탕으로 짧게 정리한다.

고지식한 선천적 외곬의 표현에 불과하고,
평범한 단상에도 못 미치는 쓰잘데기 없는 장고이다.

인생레시피

음식은 요리법(recipe)대로 하면 됩니다.
궁중음식도 가능합니다.

인간은 완벽한 인생법이 없습니다.
꾸준히 '인생레시피'를
스스로 만들어야 합니다.

누굴 만나느냐 언제 만나느냐,
대상과 시간이 중요합니다.

육체적으로 언제 누구와,
궁중음식을 맛있게 씹을까,

정신적으로 누굴 언제,
만남을 매일 곱씹어야 합니다.

친구이자 님이시여 신이시여

꾀죄죄하게 응대하기 싫어,
폭탄주로 쪽쪽 빨아댔다.

지질하게 바라보기 싫어,
속도주로 위하여 위하여 들이켰다.

옹졸하게 버티기 싫어,
벤토벤이 '술토벤' 되었다.

궁상맞게 어영부영하기 싫어,
슈베르트가 '술베르트'로 환생했다.

좀스럽게 마음그릇 작게 보이기 싫어,
술신 디오니소스가 '디저트소스'로 변했다.

주머니사정과 무관 화끈한 척하려고,
차수 변경하며 마당발인 척했다.

나랏말이 비슷한 주술(呪術) 주님 술님,
'너만은 나를 속이지 않을 것이다' 읊조렸다.

미련없이 오십여 년 주(酒)님을 만났다.
후회없이 이십여 년 두 번,
친구이자 님이시여 신이시여,
'박쿠스(Bacchus)'를 맞이했다.

이젠 나이야 가라 건강아 가라,
나를 다스리지 못하고 깜빡깜빡거립니다.

친구야!!! 화해하면서 마시자.
님이시여!!! 진정으로 사랑합시다.
신이시여!!! 깡똥하게 즐깁시다.

덕산 이종수 作

쓰고 벗고

흰머리카락 가리개 노땅모자 쓰고,
'코로나19' 방역 마스크 쓰고,
노력댓가 모아 돈돈 쓰자.

내몸안에 늘어박힌 응어리 벗고,
살면서 남아있는 누명 벗고,
던질 수 있는 삶빚덩이 벗자.

다랭이라도 층층이

산비탈 다랭이논,
계단식 층층이 작은 논,
자연을 벗삼아 멋지게 가꾸었으니,
도시민에게 비웃음 받지말지어다.

내거주지 다랭이 아파트,
다닥다닥 층층이 희미해지는 불빛
각박한 경쟁사회 굳세게 버티었으니,
농어민에게 놀림 받지말지어다.

내갈비뼈 다랭이몸뚱아리,
한해한해 층층이 약해지는 힘아리,
그래도 주상절리처럼 단단히 살았으니,
세상살이 남세스럽지 않게 새롭게 도전할지어다.

마늘 쑥

우리 문화의 원형,
마늘 쑥.

단군신화 곰 100일의 기적,
퍼스트레이디 '웅녀'의 쑥 마늘.

서양 귀신 '드라큘라'도 무서워했던,
대산(大蒜) 마늘.

우리 민족의 근성과 맥을 같이하는,
애엽(艾葉) 쑥.

한가지만 해롭고 백가지 이롭다는 마늘,
단기 4291년에 태어난 나를 힘 넘치게 하고,

우리 산야를 늘 푸르게 덮어주는 쑥,
서기 1958년에 태어난 나를 쑥쑥 키우네.

떡 안팎

떡메로 떡 치기를 잘해야,
떡볶이도 해먹고 덤으로 어묵도 먹습니다.

피순환이 제대로 되어야,
피떡이 생기지 않고 원활히 흐릅니다.

무리하지 말고 적당량 술흐름이 되어야,
술떡이 되지 않고 인간답게 삽니다.

암컷수컷 떡치기 엉뚱하게 저지르면,
앞이 깜깜해지고 후회스럽습니다.

가래떡 찹쌀떡은 잔치음식처럼 먹고,
피떡 술떡은 주먹쑥떡으로 내던지고,
먹으나마나 암컷수컷떡은 아나쑥떡합시다.

삶의 무게중심, 나

뒤치닥거리,
애경사 부모사망 자식결혼,
어쩌다 마지못해 눈치 보며 연락하네요.

앞치닥거리,
나의 특정일 즐겁고 위로받는 날,
찾아서 기념하고 나누며 동행하세요.

이제까지 소모적인 애경사는,
남과 같이 하려고 특정하지 말고,
가족친지끼리 참답게 보내시는 게 어떨는지요.

앞으로 나의 특정일을,
생활 속의 축제일과 관심일로,
서로 즐겁고 위로받는 날로 지내시고요.

앞으로 삶의 무게중심을 나에게로,
삶의 주체인 나에게로,
두리뭉실 은근슬쩍 옮기시는 게 어떨런지요.

그려보자

내일도 읊어댄다,
삼각관계 부드럽게 보내자고.

모레도 지저귄다,
날름날름 새처럼 노닐자고.

오늘도 그린다,
동그랗게 원만하게 살자고.

순간순간

순간삐짐으로,
영원토록 느낄 귀중한 것들이 없어지곤 합니다.

찰나서운함으로,
영겁으로 배울 소중한 것들이 잊혀집니다.

감정어리석음에
두고두고 후회하며 밤잠을 설칩니다,

인간의 욕심 때문에,
손으로 잡으려고 노력한 것들이
이미 발에 감겨 있을지도 모릅니다.

고질적 착시현상으로,
낮에 빠르게 활동할 때에는 지나쳤던 중요한 것들이,
자면서 꿈에 살포시 나타나 용용죽겠지 합니다.

여여요요(如如了了)

사람살이 본성대로,
여여로운 삶의흔적.

뚜렷하고 진실되게,
요요로운 모양모습.

종일평생 남녀공학,
사이좋게 여여요요.

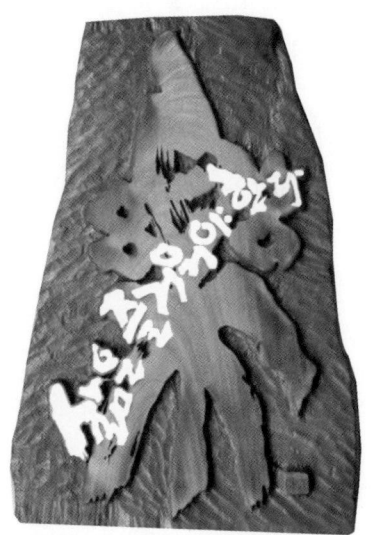

덕산 이종수 作

우리꺼 수묵담채화(水墨淡彩畵)

정신일도 하사불성,
지필묵 그리고 문진(文鎭) 준비,

연필 밑그림으로 바탕을 그리고,
단묵 중묵 농묵 파묵으로 실체를 그린다.

먹붓 수묵화 그리고 자연색 수묵담채화,
선과면 먹선에 변화를 주며 나를 그린다.

오롯이 먹의 짙고 엷음으로,
'보는 이의 마음에서 완성된다' 한다.

여백과 절제의 소박함으로,
'그리되 다 그리지 않는다' 라고 한다.

정겨움과 그리움으로,
원숙한 자연과 성찰의 자아를 그린다.

생의 원근을 오며가며 손발로,
풍요롭게 먹물 문질문질 즐긴다.

그래서 우리전통 우리꺼 수묵담채화,
내가 우리가 영원케 하리라.

돈궤와 뒤주처럼

요즈음 자주 스스로 질문해 봅니다.
내가 까다로운 성격일까요?

나이불문 성별불문 만나는 편입니다.
하오나 왜 이리 맘이 짠한가요?

그래도 인간적으로 대면하곤 합니다.
진정으로 오래가는 친구가 안 생길까요?

'위빠사나(vipassana)' 마음도 챙깁니다.
내가 진실된 모습이 모자란가요?

현실의 매정함을 알고 최선을 다해 봅니다.
노력도 없이 꽃다발을 받으려고 하는 것인가요?

그 옛날 안방 돈궤(櫃)와 부엌 뒤주처럼 말입니다.'
외로워지니까 친구서넛 오래오래 곁에 두고 싶네요?

당분간 시콕하련다

몇 백년 전 '흑사병' 친척인,
'코로나'가 장기휴가차 놀러 왔다.

백신vaccine인지 흰고무신인지,
헤매지 말고 좀 있다가 만들란다.

숱한 죽음으로 이어지는 엄청난 재앙,
내나라 이웃나라 모든 일 멈춘다.

눈아래 보이지도 않는 미생물이,
전세계를 미쳐날뛰고 날뛴다.

하늘아래 최고의 고등동물 인간들,
당분간 점잖게 방콕 집콕 하란다.

이것도 주기적으로 찾아오는 우주질서이려니,
당분간 모임 만남 악수 멀리하련다.

내가 곧 우주 소우주이려니,
당분간 고집 피지 말고 아파트콕 살콕 시콕(詩) 하련다.

저 너머 4대인생역

나이 들면서 이곳저곳 따라오네요,
질병역에 도착입니다.

주변사람이 있는 듯 없는 듯 보이네요,
고독역에 내립니다.

요래조래 눈치보며 쪼들리네요,
금전역에 멈춥니다.

이일저일 하지말고 저만치 있으라네요,
저 너머 역활역이 종착입니다.

덕후

살면서 어떤 일에 초집중하는 것이,
한둘 있어야 건강합니다.

남들이 또라이라고 하더라도,
한쪽분야 전문가 되면 좋습니다.

요즘 변형된 신조어로 '덕후'라고 하고,
그게 성공하면 '성덕' 성공한 덕후가 된답니다.

과거엔 버림받았을지라도 외로운 과정을 거쳐,
열정으로 우뚝 서는 것입니다.

결국엔 보통사람들은 덕후를 우러러보게 되며,
함께 하려고 노력하면 가르침도 줍니다.

난 쭈욱 지켜봤는데 남보다 잘할 수 있는,
덕후과목이 별로 없습니다.

그간 소모적이고 비건강적인 '쐬주덕후' '빨주덕후'
과목을 너무 오래 했습니다.

이제는 생산적이고 건강적인 이른바,
'생활시덕후' '뚝딱시덕후' 과목으로 성덕하고 싶습니다.

하루에 꼬박 한두 편 일이 년에 튼실한 시집 한 권,
나름대로 초몰입해보려고 합니다.

시(詩)를 통해 생활을 초간결 갈무리하고,
세상을 뚝딱 정리해 보렵니다.

'아침' 선물박두, 그러나

일평생 매일 받는 선물 '아침'을,
휘파람 불며 반갑게 맞이하자.

야구선수가 일루 달리듯,
'아침' 힘차게 열어보자.

잃은 길 서둘러서 바꿔 가듯,
새로운 '아침' 시작하자.

자기 계발은 타이밍이 중요,
콧노래 하며 '아침' 활용하자.

        그러나 무리하게 진행하다가,
        건강을 잃지 말지어다.

        그리고 바쁘게 왁자하다가,
        규칙적 운동 놓치지 말지어다.

        그러할진대 억지욕심 부리다가,
        방귀 뀌다가 똥 지리는 꼴 되지 말지어다.

        그러할지라도 인간관계 소홀하다가,
        인생참길동무 버리지 말지어다.

볼거리 맛거리 삼천리금수강산

모처럼 삼천리 금수강산을 음미하면서,
겨울 별미 서해 보령 '천북굴단지'를 향한다.

해외여행 몇번몇군데 다녀봤지만,
자연시화전 같은 조선팔도가 더 정겹다.

그 팔도에 현지처 두고 꽃대우 받는다면 금상첨화,
언뜻 인생북콘서트처럼 영화처럼 살고픈 생각이 들었다.

하오나 이제 기력도 떨어졌고 유지관리비도 턱없고,
그리고 하늘에 CCTV가 있어 본처에게 들키면 끝이다.

이윽고 저 바다와 사연 많은 '앞바다굴집'과 인연을 맺고,
입속에 퍼지는 은은향 달달즙 우윳빛 굴속살 한솥을 만난다.
굳세어라 관자까지 발라먹으니 여기저기 힘이 솟는구려.

주변의 샛노란 '산중처녀 들국화' 배경과 '황금색 낙조' 무대 설치로, 오늘 볼거리 맛거리 앵콜 공연 신청합니다.

빵빵하게 삽시다

스케줄을 빵빵하게,
삼시세끼 다양한 파트너와 짭짤하게,
주어진 일도 재밌고 알차게,
생각도 냉철하고 옹졸하지 않게,
판단도 대아(大我)스럽게,
밤잠도 실속있고 편하게,

만나는 인물은 쭉쭉빵빵,
차량 동승 파트너도 쭉쭉빵빵,
이동승용차는 빵빵한 걸로,
가끔 차안에서 빵으로 빵빵하게,
배를 채우고 시간을 절약하며,
싸나이답게 빵빵하게 삽시다.

모태신앙

엄마 뱃속부터 독불장군처럼
믿음이 있었다 모태신앙,

복닥복닥 살던 어린 시절부터
심술이 많았다 모태몽니,

커서 술자리 밥자리 사업자리 각종자리
안하무인이다 모태솔로,

직장밥벌이 아부하면서 승진해야 하는데
한계급21년 달았다 모태고집,

늘그막 삶에 버거워 술에 기대는
외로운 아버지자리이다 모태애비.

어찌하오리까

밥을 굶을까요 잠을 계속 잘까요.
일을 할까요 일어날까요

핸드폰도 내려놓고 응답도 싫네요.
모든 게 무의미해지고 귀찮네요.

내내 지켜온 가치관과 생활철학이,
한바탕 우르르 무너지려 하네요.

약하다고 지속적으로 보완한 육체력을,
딛고 으랏차차차 정신 차릴까요.

인간의 한계점인가요.
정신과 육체의 보완력이라도 사용해야죠.

그래도 행복력 충전과,
정신적 뿌리가 영속되길 바라며,

신의 지령인가 심히 유감입니다만,
강하다고 자부한 이 정신력을 어찌하오리까.

행복나무 추수

출문 대기 버스 전철 도보 택시 비행기 멈춤
어디로 가는 현실 윤회 속에서,

굽은길 바른길 내리막길 오르막길
코스별 인생따까리 속에서,

고목나무에서 움이 트고
꽃이 피고 열매 맺고,

우주의 음악가락 율려(律呂)
우주를 훔치훔치 하면서,

쑤군쑤군 행복나무 공부하면서
개평으로 새하늘새땅 추수합시다.

기껏더십년(年)

오십견(肩)
육십견(肩)

칠십병(病)
팔십병(病)

구십사(死)
일백사(死)

더누린향년(年)
기껏더십년(年)

맞춤

몇 십년 전 거슬러,
맞춤 정장을 입고 폼잡은 경험이 있다.

아날로그 어영부영 보다는,
디지털로 깔끔한 게 나은 세상이다.

주먹구구식 생각보다는,
인공지능으로 완벽함이 현명하다.

제안컨대,

백가지 인간나약함을 강인한 '맞춤인간' 으로,
백약무효가 아니라 '백약맞춤' 이 어떠할까요.

사랑 본보기

날은 저물고 갈 길은 멀구려.
때늦은 가시버시사랑이 올런지요.

길은 널찍하지 아니하고 조봇하구려.
내가 저지른 삼형제 띠앗머리가 깊을지요.

우리 윗사랑이 본보기가 되어야 할텐데요.
내리 아랫사랑도 환하게 이어질텐데요.

선악과(善惡果)

소꼴 준비하는 농부의 마음과,
소고기 먹으려고 도축하는 심보.

어둑새벽 촛불을 밝히는 수험생과,
물건 훔치려고 플래시 켜는 도둑.

마음을 평정시키려는 드럼운율과,
주변을 시끄럽게 하는 드럼통소리.

애당초 그랬다,
선과 악을 구별하라고.

이승저승약속 삼법칙

'이승이 저승보다 낫다'라는 진리이다.

이승삶은 수많은 약속의 연속이다.
저승삶도 셀 수 없는 약속의 연속이리라.

'이승저승약속 삼법칙'이 있으리라.
총량불변법칙 상호채움법칙 파약땡김법칙이 그것이리라.

이승약속 한번 어기면 한발짝,
열번 어기면 열발짝 저승으로 빨리 가리라.

그런고로 이승에서의 다양한 약속,
위 삼법칙 잘 지켜 오래오래 삽시다.

진리컨대 특히 싱싱한 젊은이와의 약속 잘 이행하고,
아름답고 즐거운 약속 펑펑 만듭시다.

인생황금기로 앎

오늘 깨달았네요.
헛나이 헛숫자가 아니네요.

아래 젊은이에게는 인생경험담을
위 선배에게는 인생귀여움을

오고가며 미성년청년에게는 비대면 가르침을,
가며오며 장년노년에게는 대면 전자손놀림을,

지하철 공짜로 타는 만65세
'지공선사'로 막 다다랐지만,

아래위 위아래 오며가며 가며오며
인생가려움을 시원하게 긁어줄게요.

대나무효자손 등긁개 역할하며,
인생황금기로 알고 지낼게요.

참외로움

바둑고수는 근엄 장고하고,
고시준비생은 두문불출하고,
속세현인은 장기잠수하더라.

맹수호랑이는 홀로 외롭고,
성인군자는 자못 쓸쓸하고,
글쟁이 그림쟁이는 늘 고독하더라.

수도고승은 첩첩산중에 있고,
영웅호걸은 절차탁마하고,
난세위인은 묵언정진하더라.

외로운 전쟁터장군의 냉혹한 결단이요,
가르침 없는 본보기로서 처절함이요,
드러남 없는 내면의 현현(顯現)함이다.

여자들의 뾰쪽사랑보다 남자들의 묵직사랑이요,
명절 조상님의 보이지 않는 참말씀이요,
그 참외로움은 지도자의 진언 살신성인입니다.

새싹으로

씨싹 뿌리싹 줄기싹 가지싹,
새싹들이 요동치네요.

몸싹 맘싹 너싹 나싹,
봄싹들이 꿈틀거리네요.

들싹 산싹 집앞싹 거리싹,
메마름이 가고 푸르름이 온통 오네요.

새해 새년 하얀 새내기들,
추스름을 잊고 따스함으로 손짓하네요.

땅속새내기 땅위새내기 끼리끼리 합심,
새터에서 새싹으로 기쁨두배 누리세요.

어느 날 숫자적 의미

내나이 64,
어제저녁 술시 6시 40분쯤,
640ml 한병 내적당량 술콕했다.

내안주는,
참치 햄 김치 마늘 양념소스 물 6개로 만들었고,
일회용잔 젓가락 숟가락 휴지 4개로 치웠다.

내전화 6479.2239,
64세 79 (친구)들이랑,
재밌게 2239(들들 삼으려고) 만들어진 듯하다.

오늘 어제 그 시간은,
쇠고기 600g 한근 4(사)가지고,
친구들과의 추억을 그리며 640ml를 4잔으로 나눠 들이키며 집콕 하련다.

내 6(육)체는,
그날밤 4번 오줌으로 비우고,
자다 깨다 하면서 4회 잠잠잠잠을 청했다.

열여덟, 젠장

구글 네이버 크롬 플레이스토어 텔레그램,
유튜브 페이스북 카톡 밴드 블로그,
앱 아이디 패스워드 이메일 월렛,
메시지 오티피 줌,

위 열여덟 18,
이제 외국어 외래어 전문용어가 아닐껄,

백세시대 육십 넘은 지긋한 학생들이,
핵교 댕길 때 배운 용어가 아니고,
정상학교수업 16년 동안 들은 용어가 아니올시다.

이제는 어쩔 수 없이 익혀야,
그것도 자식 같은 젊은 세대한테 혼나가면서,

그래야 그냥저냥 그럭저럭,
꾸역꾸역 삶을 이어갈 수 있으니 젠장.

술안주 18

어느 모임 술자리 가보니,
남녀 18명 참석하였네.

술안주로 오징어 문어 해물안주 주문하니,
다리가 오징어 10 문어 8,
모두 18개라네.

술땡겨 추가 안주 주문하니,
다리가 오징어 10 낙지 8,
합쳐 18개라네.

입가심으로 마지막 안주 주문하니,
다리가 오징어 10 쭈구미 8,
암수 18개라네.

까마귀와 서로 상극으로 2개 더 생겼다는,
다리 10개 오징어의 한을 풀어주려고,
계속 주문하여 맛있게 18 먹었다네.

술안주 결산해보니,
18명분 3테이블 6접시,
부가세 18천원 포함 18만원 긁었네.

나오면서 간판 보니,
식당 주소가 젠장,
홍길동 18번지라네.

18 다산

약 이백여 년 전 18세기 태어나,
18년 유배 귀양살이 다산(茶山),

어느덧 1818년 오십칠세 정약용,
순조 18년 큰아들 18세,

나라 위해 수원산성,
과학적으로 튼튼하게 짓고,

백성 위해 실학사상 집대성하고,
'경세유표' '목민심서' '흠흠신서' '마과회통' 등 책 오백여 권 쓰니,

흘러 흘러 1822년 환갑맞이하고,
18세기 19세기 개혁과제 얼추 마치니,

귀양살이 후 18년 지나 1836년,
18 다산 다 살았나 보다.

허망토다,
칠십오세 비석 하나 건졌구려.

동업열차 18

동업열차 18,
  1호 희망 미소 웃음 행복 사랑 배려
  7호 긍정 진정 존중 귀중 소중 열정
  13호 정열 열중 애정 소망 끈기 나눔

인구대국열차 18,
  1호 중국 인도 미국 인도네시아 파키스탄 브라질
  7호 나이지리아 방글라데시 러시아 멕시코 일본 이디오피아
  13호 필리핀 이집트 베트남 콩고민주공화국 터키 이란

인구소국열차 18,
  1호 과들루프 바하마 마르티니크 아이슬란드 바누아트 프랑스령기아나
  7호 뉴칼레도니아 바베이도스 프랑스령폴리네시아 상투메프린시페 사모아 세인트루시아
  13호 샤넬군도 괌 미트로네시아 세인트빈센트그레나딘 통가 미국령버진아일랜드

朴李林宋박이임송 18

朴(十八卜)씨로 태어나,
18세에 점을 쳐보니,
李(十八子)씨와 한이불 덮으라 하여,
18년 후 늦아들을 낳았다네.

그 늦둥이가 만18세에 입대하여,
18개월 군복무를 마치고,
복무기간 병장시절에 만난,
林(十八十八) 하사님과 18.18 하다가,
일찍 장가 보내 달라 하네.

장가보낸 날 우리나라 18번째 많은 성씨,
宋(갓머리 十八) 머시기 아들 친구는,
축의금 18만원 내고 여자친구 데리고,
신혼여행까지 이박삼일 얹혀갔다네 18.

두짝이 엎치락뒤치락 오르락내리락 18.18 하다 보면,
귀여운 손자손녀 18개월이면 족하지 않겠나.

조만간 할아버지할머니 되는 우리부부,
점치는 비용 적지 않게 18.18만원씩 드릴테니,
늙음이 서럽소 잘 봐주시옵소소 했네.

만18세 숫총각으로 개업 18년 된 점쟁이 왈,
오늘 특별히 할아버지朴(十八卜) 18년,
할머니李(十八子) 18년,
동거동락할 수 있는 운명점이 탄생했다고 하네.

18자리이동

大田 中區 오류동에서 태어나,
공무원 34년 9개월 동안,
요리조리 18자리 이동했지요.

大德區대화동총무 東區가정복지과서무 市감사실조사팀으로,

儒城區지가조사계장 西區감사계장 西區경리계장으로,

西區행정계장 西區삼천동장 西區괴정동장으로,

西區복수동장 西區용문동장 西區보건행정과장으로,

西區기획단장 市생활체육사무관
中央연수원교육생으로,

市토지관리사무관 西區둔산1동장
西區교통과장으로,

18,
일찌감치 대전 다섯지역 동장도 했으면서,
아부못함 때문에 똥꼬집 때문에,
21년째 사무관 같은 계급으로 마무리했네.

그 누가 왈,
"스코틀랜드 21년산 발렌타인이면 고급술 대접이나 받지요."

18,
700ml 그 할인가격도 18만원이라네.

인생대학세개졸업 후

손해 감수 의리를 존중하며 친구 지인들이,
하는 일을 도와가면서 싸나이답게 들이댔다.

내 집안을 일으키며 멋지게 살고파,
각종 사업을 동행하면서 줄기차게 질러댔다.

낙천적으로 세상을 긍정적으로 하면서,
낭만주의 음유시인처럼 나날이 빨아댔다.

그러다 보니 인생 대학 세개 졸업,
들이大 질러大 빨어大 우수한 학사로.

예서 나를 멈추랴,
인생 대학원 석박사과정을.

요즈음 고민고민,
입학하랴 마랴.

몸세탁 마음빨래

매일 먹는 식품과 주변 환경에 있는 독을 빼고,

마음과 몸에 있는 혼탁함을 없애고,

한땀한땀 백팔실밥으로 야구공 만들듯이,

지성으로 백팔배 하면서 백팔번뇌 끊듯이,

몸세탁 마음빨래 하면서,

맑고 깨끗이 살고파라.

테스레스데스우스형 되새김

기원전 470, 소크라테스.
'너 자신을 알라.'

기원전 460, 히포크라테스.'
'병을 낫게 하는 것은 자연이다.'

기원전 384, 아리스토텔레스.
'오늘 내가 죽어도 세상은 바뀌지 않는다. 하지만 내가 살아 있는 한 세상은 바뀐다.'

기원전 287, 아르키메데스.
목욕탕에서 벌거벗고 나오면서 '유레카 유레카.'

기원후 121, 마르쿠스아우렐리우스.
'자신과 마주하고 지혜롭게 살아가기' 명상록.

인생오행 신작로

갈 길을 상큼하게,

할 길을 푸짐하게,

세끼 길을 걸쭉하게,

마실 길을 널찍하게,

읊을 길을 넉넉하게,

인생오행(人生五行) 신작로(新作路) 개척.

'시절 인연'의 시작

모처럼 생애 일곱 번째 책을 편집하고자,
원고 봇짐을 들고 내 고향 대전에서 서울행 나들이,

출판사에서 여섯 시간의 사전준비작업을 마치고,
친구와 지인을 불러 쐬주집과 노래방에서 기분 내고,

막내아들 원룸에서 신세 지고 아침 일찍,
영등포역에서 무궁화열차로 대전행,

대전역 내리자마자 에스컬레이터로 내려가는데,
맞은 편에 오르고 있는 지인 여성,

열차시간 놓쳐 다음 열차로 가려는 중,
나를 보기 위함인가 '시절인연'의 시작인가요,

둘 다 밀양 박씨 참고로 본관 팔박(八朴),
밀양 반남 고령 함양 죽산 순천 무안 충주 중 숫자 주류가 밀양,

서로 대화가 통해 밀양 동행 결정,
그래서 내 본관 밀양 도착,

이천 년 전 시조인 박혁거세님을 그리면서,
밀양 예림오거리 식당에서 고유음식 아궁이장작 가마솥
밥과 돼지국밥을,

고향과 본관 가며오며,
열차 5번 버스 3번 승용차 3번 갈아타며,
1박 2일 이 사람 저 사람 만나며 쓰윽 '시절 인연'을.

시절인연

오팔인연,
오케스트라를 창단 팔팔하게 즐겼고,

오팔개띠 전국축제 삼년을,
책임지며 신나게 놀았으며,

반려동물 대표선수 반려견(伴侶犬),
반려동물 통합플랫홈과 만남,

주변에 반려견과 함께하는 카페와 인생술집 있고,
이웃에 반려견 살롱 아뜰리에도 있고,
봄맛 맛보려고 왔다갔다 하는 경칩강아지도 있네.

태생 오팔개띠
현생 '개판술판',
어쩔 수 없는 큰인연 시절인연인가요.

옆에 곁에

내 옆에 있어다오,
내 곁에 떠나지 마오,
구세주가 있다면 늘 비나이다.

내 안에 영원하길 바라오,
내 속에 파묻히길 호소하오,
조물주가 있다면 언제나 지켜주세요.

내 몸에 머물길 기대하오,
내 맘에 간절하길 믿으오,
절대자가 있다면 묻지도 마세요.

그대여 비가 오나 옆에,
그대여 눈이 오나 곁에,
초월자가 있다면 따지지도 마세요.

그대여 비를 맞듯 옆에,
그대여 눈을 맞듯 곁에,
하늘이여 요즈음 모두
절절(切切)하답니다.

감고 감는다

아침에 일어나,
몸대표 머리를 깨끗이 감고,
뭇사람 만나고자 집을 나서며,
하루를 시작한다

저녁에 들어와,
생활대표 돈이 효율적으로 작동토록 감고,
여기저기 쓸 곳을 생각하며,
하루를 매듭진다.

세상 삼화

상대방 하는 일을 깜보는 경우,
서로 신뢰감이 떨어지고 거리가 멀어집니다.

틀림이 아닌 다름의 미학을 중요시해야,
우리이웃이 참이해 되고 서로가 가까워집니다.

'백미터달리기'의 속도감이나 조급함도,
'전통한춤'의 춤사위나 나긋함도,

모두 인정할 줄 알아야 세상 삼화(三化),
변화(變化) 진화(進化) 미화(美化)합니다.

있음

목마를 때 마실 수 있음은,
차가 있기 때문이다.

피곤할 때 쉴 수 있음은,
집이 있기 때문이다.

몰릴 때 믿을 수 있음은,
가족이 있기 때문이다.

무미건조할 때 느낄 수 있음은,
꽃이 있기 때문이다.

괴로울 때 적실 수 있음은,
술이 있기 때문이다.

외로울 때 읊을 수 있음은,
시가 있기 때문이다.

대전천 목척교

몇 날 며칠 바라보았네,
흐르는강물 민물고기움직임 비둘기단체행동,
천연기념물 재두루미 순간먹이낚아챔,
요즈음 상선약수 물흐름에 분수대 물오름까지 힘차네.

그 옛날 내마음 한밭대전 도심,
하루종일 왔다갔다하는 행인도 있고,
새벽부터 손님맞이 하는 상인도 있고,
무심한 벤치에서 한가로이 주고받는 달변가도 있네.

내나라 교통중심 대전역전 '중앙시장' '목척교'인지라,
옛 친구와 오래간만 약속 한잔하는 친구들,
서로 기억 희미한 추억 들춰내 즐기네.

흥에 겨워 옛 가수 안다성님의 '못잊을 대전의 밤',
♪ 가로등 희미한 목척교에 기대서서,
나 홀로 외로이 이슬비를 맞으면서~♪,
노랫가락이 내 가슴 언저리와 '대전천'에 흘러내리네.

자연은 살아있네

난해한 생활잡일 해결하고,
나 자신 칭찬하며 대전 유등천(柳等川) 수침교(水砧橋)
를 거닐었네.

어릴 적 십리 길 걸어가서,
물고기 잡고 딸기서리하고 체육대회 하던 기억이 새록새
록 하네.

갈대인지 억새인지 옹기종기 모여 자생하고,
그 속에서 참새가 회의중이네.

수양버들인지 능수버들인지 흐드러지고,
그 속에서 까치가 새순을 부추기네.

뻥 뚫린 천변로를 자전거 드라이브 즐기는 오빠,
깔아놓은 운동기구로 체조하는 언니,
돌계단 옆에서 쑥 캐는 아낙네,
돌징검다리 인근에서 물고기 낚는 아저씨,
넓디넓게 만든 우드볼장에서 뻥뻥 치고 다니는 할머니,
한가로이 천변 산책로 걷는 할아버지,

강아지 끌고 안고 희희대는 인생신참들,
다리밑에는 옛얘기 뻥치는 인생고참들 쉬고 있네.

페스트로부터 코로나로 이어지는 팬데믹,
일요일인데 주변교회는 문이 닫히고,
주변 사십오 년 된 유명 한증막 업소도
경기부진으로 폐업했네.

난난퍽퍽한 요즈음 인간세상,
자연이 넉넉하게 품어주니 자연은 살아 있네.

그나마 온기를

요즈음 버스정류장 광고판을 보며,
얼굴도 모르는 시인과 새콤달콤한 대화를,
버스 기다리며 심오한 싯구 음미를,
어쨌거나 냉냉한 현실에 따뜻함을 주는구려.

아쉽게도 곧바로 버스가 와서,
재빨리 핸드폰카메라로 찰칵,
버스안 짧은 시간에 다시,
짭짤하게 인간맛 시맛 감상을,
그나마 잠시나마 다행이구려.

녹록지 않은 세월 한기 서린 대중에게,
이불이 되어주고 온기를 불어넣는구려.

현대판 노마드

상전벽해(桑田碧海),
뽕나무밭이 푸른 바다로,
세상이 엄청 바뀌었노라.

그 옛날 유목인(遊牧人) 노마드nomade,
물과 풀을 따라,
유랑생활하며 목축했노라.

이 세기 이 시간 노마드,
디지털장비 핸드폰 노트북 헤드셋을 가지고,
자유로운 창조적인간으로 떠도노라.

기왕지사(旣往之事),
거처없이 떠돌 때는,
타박타박보다는 차박차박 갈지어다.

젊은이들이여

노트북을 가지고 안 다녀도,
적을 노트와 읽을 책은 갖고 다닌다네.

여러 밴드 가입 후 활동은 잘못해도,
노래방 밴드는 잘 맞춰 부른다네.

낮에 길거리에서 뽀뽀는 쑥쓰러워도,
밤에 잠자리에서 거시기는 노력한다네.

아버지와 아들 부자(父子) 서열은 안 바뀌어도,
자식을 잘 가르쳐 돈 많은 부자(富者)로 바꾼다네.

유튜브로 각종 정보파악은 못하여도,
미래예측은 대하드라마 보면서 한다네.

온라인미팅과 게임마감은 어려워도,
매일매주매달 술미팅과 술마감은 잘한다네.

젊은이들이여 늙은이들 완전파악은 거시기하여도,
오늘 한잔 속에 정을 나눠 볼까요.

금일일배정(今日一杯情),
위하여!!! 원샷!!! 건배!!!

나뿐이겠노

'배구' 국문 영문 스펠이,
발리볼인지 볼리볼인지,
bolleyball인지 volleyball인지,
balleyball인지 valleyball인지,

꿈속에서 옛날 사용하던 사전을,
찾느라 애먹었다.
낮에 심심해서 배구공 만진 일밖에 없는데,
왜 그러한 꿈을 꾸었는지 모른다.

그러다가 누군가 시원하게 답을 줘서,
잠을 깼다.
핸드폰 속에 정답이 있으니,
아는 대로 이것저것 눌러보란다.
이른바 '꿈의 대화'가 아닌가 싶다.

곧바로 해결 그리고 보너스까지,
세상이 너무 바뀌었다.
내가 만능박사와 같이 살고 있음을,
그게 어디 나뿐이겠노???

추임새

밥맛이 없어,
재래시장에서 밴댕이 젓갈,
느긋하자,
소갈딱지 얼씨구♪.

웃음을 잃어,
행복지수 부탄 핀란드 덴마크 스위스,
따라가자
씨근벌떡 절씨구♪.

짝꿍이 칠렐레팔렐레해져,
밤마다 앙가슴 쓰다듬고 어루만짐,
인내하자,
용꼬리보다 뱀대가리 잘한다♪.

때론 애걸복걸

새는 날갯짓을 계속해야 날 수 있지요,
때론 깃털 손질을 해줘야 합니다.

배움은 수업료를 내야 배울 수 있고요,
때론 추가로 학원비도 내야 합니다.

버스는 정류장을 거쳐야 목적지에 도착하고요,
때론 그 정류장에서 환승할 줄 알아야 합니다.

기차는 여러 플랫폼을 지나야 성공역에 내리고요,
때론 그 플랫폼에서 다른 기차로 갈아타야 합니다.

인생은 여러 변화를 맛봐야 참기회를 만나고요,
때론 절차탁마(切磋琢磨) 자르고 쓸고 쪼고 갈아야 합니다.

성공은 일찌감치 단맛 쓴맛 신맛 매운맛을 겪고요,
 때론 애걸복걸(哀乞伏乞) 애처로이 빌고 사정할 줄도 알아야 합니다.

현실과 가상의 혼돈

나 그리고 아바타,
내두뇌 그리고 에이아이,
인간 그리고 로봇,
실생활 그리고 게임,

현실화폐 그리고 비트코인,
세간살이 그리고 모바일,
내친구 그리고 비즈니스파트너,
내땅 그리고 가상토지,

현실마켓 그리고 플랫폼마케팅,
현실직장 그리고 유저,
현실기업 그리고 소셜트레이딩,
현실세계 그리고 메타버스,

상호,
경계가 무너지고,
점점,
관계가 허물어져가고,

차츰,
사이가 애매해지고,
이제,
존재가 혼돈스러워진다.

나름 고봉밥 투자

젊음을 되찾고자,
너무 심하게 구부렸다 폈다,
모든 몸뗑이는 움직임이니까요.

그녀가 랍스타 먹고파 하는데,
내 결정 '백일의 기적' 후로 연기,
간단명료한 나홀로 쐬주로 갈음,
옳거니 만남은 기다림이니까요.

비참생활을 벗어나고자,
요즘 무리하게 나름 '고봉밥 투자',
어차피 인생은 굴곡이니까요.

미래공부합시다

미래 일의 능률을 올리려고,
노동요 부르듯이,

장래 상대방 응대하기 싫어,
식물인간 속물인간 흉내내듯이,

자라면서 화장품 바르지 않고 이쁘고자,
옥빈홍안으로 태어났듯이,

향후 이성적 합리적 판단이 지루해서,
감성적 직관적으로 편하게 예측하듯이,

현실이 요즘처럼 까다로우면,
미리미리 짬내어 미래공부합시다.

맹인모상(盲人摸象)

홀로 괴로운 척,
세상 술을 모두 마실 듯,

혼자 노력한 척,
재계 돈을 전부 가질 듯,

전체 잘 아는 척,
타인 마음을 찐하게 헤아릴 듯,

전부 보이는 척,
맹인이 코끼리를 속속들이 만질 듯.

저승저산 이승이산

인간이 누구나 저산으로 이사와,
산새와 산짐승 산꽃과 산나무와 동거동락 하면서,
또 다른 세상 저승에서 옹기종기 모여사는구나.

'이승이 저승보다 낫다'라는 애매한 이론을,
정답 오답 기어코 확인하려는 듯,
가끔 옛 지인과 자식들이 찾아오는구나.

이승이 얼마나 고달프면 그럴까,
'비탈길이산'에서는 주기적으로 뒷걸음질 치면서,
여여하게 체력보강을 해야하거늘,
너무들 조급하게 가는 것은 아닐까요.

이승이산에서 하고 싶은 일을 천천히 매듭짓고,
저승저산으로 웃으면서 오더라도,
그래도 '아늑길저산'에서는 앞걸음질 치면서,
반갑게 반겨주시지 않을까요.

- 하루 풍차 이래저래 돌리고,
- 익숙한 나만의 침상에 큰대자로 빠져든다.

대청호(아평리), 40.5 x31.5cm, oli on canvas, 박관우, 2020

4

삼백육십오일 지나 새해맞이

301-365

시간 세월 그리고 인생

성질 급한 전자올겐 지르박 리듬보다
더 빠른 시간아,
어제가 금요일 같은데 오늘이 또 목요일이구려.

하루를 둘로 나누려 쐬주를 2차로
마셨는데 세월아.
너는 피곤함도 없이 바짝바짝 따라오는구려.

우산을 아끼려고 비를
흠뻑맞았다 인생아.
비에 젖은 만큼 빨랑빨랑 가는구려.

숭어리

어떤 일에 몰빵하다가,
뒤통수 맞았다.

이제는,
두루두루 배워가며,
차근차근 짚어가며,

땜빵하여,
빵빵한 숭어리로 거듭나련다.

꽃숭어리 열매숭어리
으랏차차차 돈숭어리로,
나를 따르라.

싶소이다

답답한 항아리보다는,
넓디넓은 항구이고 싶소이다.

단순한 스쳐지나감보다는,
은근슬쩍 스며들고 싶소이다.

고인 웅덩이보다는,
흐르는 물이고 싶소이다.

내일의 두려움보다는,
꿈꾸는 오늘웃음이고 싶소이다.

빈잔의 미래

빈잔에 취해
친구에 취해
인생에 취해

    앞길을 봅니다
    먼길을 봅니다
    백세를 봅니다

웃는 것도 아니고
우는 것도 아니고
잊은 것도 아니고

    내일을 기다립니다
    내년을 기다립니다
    미래를 기다립니다

다섯 벌레

세계를 감동시킨,
책벌레 글벌레는,
시벌레 술벌레로,
살며시 변해가며,
헤벌레 하는구려,

르르르 푹잠

하루 풍차 이래저래 돌리고,
익숙한 나만의 침상에 큰대자로 빠져든다.

삼라만상을 숙면으로 끌어안고,
만물을 지워버리고 마음을 비워버린다.

영면하지 않으려고,
내일 스케줄을 잠시 그려본다.

낮에 억지삶을 살지 않고,
남에게 큰불편을 겪지 않게 하니,
평화스레 쿨쿨 자는 듯.

오늘은 여기까지,
깊숙이 푹잠을 ~.

  르르르 스르르 사르르 바르르,
  까르르 부르르 주르르 자르르 좌르르.
  고르르 꾸르르 와르르 무르르,
  보르르 뽀르르 조르르 쪼르르 지르르 찌르르.

'두려워 말라' 유배유랑을

예나 지금이나,
앞서가는 사내는 유배생활했도다.

어느 세상이나,
후세에 도움 준 사내는 유랑생활 했도다.

조선시대 다산 정약용 유배유랑 18년,
조선시대 추사 김정희 유배유랑 9년,
남북분단시대 밤비 박영식 유배유랑 21년,

다산 추사 밤비는 지금도 입가에 오르내리는,
책을 쓰고 그림 그리고 시를 읊었도다.

어쩌면 사탄(satan) 자격도 안 되는 어리석은 자들에게,
일정 기간 손가락질받고 살았지만,
그 기간을 스스로 유용하게 보냈도다.

본의아니게 선각자들이 일년 365일,
두려움에 빠져들 수 있었지만,

'두려워 말라' 유배유랑을
성경에서도 '두려워 말라' 365번 미리 말씀하셨도다.

심마니심 마음심

심마니가 외쳤다.
심봤다.
씹어먹으니 육체가 건강해졌다.

귀를 열어 상대방의 참을 들었다.
심봤다, 그대 마음을 읽었다.
곱씹으니 정신이 건강해졌다.

그 누가 '어린이의 말이라도 경청하라'고 했던가요.
이청득심 경청득심(以聽得心 敬聽得心) 인가요.

사는 게 평온해졌다.
마음봤다, 심봤다.

점 하나 차이로다

님이시여,
남이시여.

고질병으로 나약해지고,
고칠병으로 건강해졌다.

나는 무척 아끼고,
너는 그냥 무시하노라.

이긴다 파이팅,
이간다 져서 씁쓸하다.

밀다 힘껏 도와주고,
말다 거꾸로 말아먹네.

슬프다 친구야 그래서 같이,
술푸다.

때를 잘 만나 성공하려면,
떼쓰지 말아야 한다.

때를 잘 씻어 몸을 정갈하게 하고,
떼를 지어 다니면서 세상 혼탁하게 말지어다.

Solo

애초 나 혼자였다.

당초 나 홀로였다.

애당초 alone.

애시당초 Solo.

세초 Solitary.

시초 one.

최초 only.

태초 I Love I

그래도 파란만장

어제도 규칙생활로 망우물(忘憂物) 만났습니다.
우물안 개구리 되지 않으려고요.

오늘도 어김없이 백약지장(百藥之長) 만나러 갑니다.
약발이 잘 듣게 하려고요.

내일도 변함없이 광약(狂藥) 뵈러 갑니다.
미치도록 들이키며 잊으려고요.

그래도 파란만장(波瀾萬丈) 미팅할 겁니다.
파란색지폐 만장 억억 소리내며 살려고요.

오우아 오애아

쥐구멍 속은 어둡고,
새장 속은 답답하더라,
아등바등 허둥지둥 살지 말지어다.

개집은 개소리로 시끄럽고,
파리머리는 작아 생각이 짧더라,
갈팡질팡 허겁지겁 살지 말지어다.

혼밥혼술의 시대,
외로움 괴로움에 떨지 말라.
무소의 뿔처럼 힘차게 갈지어다.

관계과잉의 시대,
하오나 관계가난에 움츠리지 말라.
나는 나를 벗 삼고 사랑할지어다.

오우아(吾友我) 오애아(吾愛我).

곳

새들처럼 다정히 노니는 곳.
꽃들처럼 다소곳이 얘기하는 곳.
엄마품속처럼 그냥저냥 포근한 곳.

편히 쉴 수 있는 '시간친구' 같은 곳.
인간적으로 반겨주는 '생활친구' 같은 곳.
그래서 항상 머무르고 싶은 '장소친구' 같은 곳

팔향기와 주님향기

기원전 천년 『구약성서』에 나열된,
여덟 가지 향기식물.

석류 고벨화 나도풀 번홍화 창포,
계수 몰약 침향.

아직도 마르지 않았구려,
요즘도 향기가 나는구려.

기원 후 이천 년 『주님성서』에 적시된,
主님과 酒님.

'내 안에 가장 귀한 것은
主님을 앎이라' 했던가요.

'내 안에 가장 친근한 것은
酒님을 앎이라' 라고 생각하네요.

좌우지간 변치 않고 외로움을 달래렵니다,
그 향기와 영원히 동행하렵니다.

거기 간다

허랑방탕했던 내가 존재감을 찾으러 간다.

한소절 한소절 영혼의 울림 맛보려고 간다.

하릅 두습 사릅 나아지는 무술년개 되고자 간다.

사알짝 새암 들어가고 흰이빨 보이며 나를 챙기려 간다.

똥된장 콩보리 구별 못한 내가 미워 빨리 간다.

평생 지은 쓴웃음 거두고 마뜩한 나를 찾으러 간다.

아베마리아 유레이즈업을 부른 마틴 허켄스처럼
절절해서 곧바로 간다.

조금 멀어도 거기 내가 있음에 간다.

가당찮은 삽질

에이에서 제트까지,
알파에서 오메가까지,
기역에서 히읗까지,
천지현황에서 언재호야까지,

나에게 허여된 시간 모두,
니가 부르는 장소 모두,
세상살이 삶의 신산(辛酸) 모두,

참고 참았는데,
맘 비우고 들어주었는데,

구리구리 멍텅구리 가르침을,
소리소리 개소리 법문을,

거의 병적으로 세뇌시키려 하네,
불도저 앞에서 가당찮은 삽질하고 있네.

삶

삶은 계란이다 egg

삶은 고기다 meat

삶은 찐빵이다 bread

삶은 음식이다 food

삶은 생선이다 fish

삶은 돈이다 money

삶은 물과 공기다 water & air

삶은 술이다 drinking

삶은 인생이다 life

삶은 셀프다 Self

삶은 함께다 together

삶은 만남이다 meeting

삶은 내일이다 tomorrow

삶은 관계다 relation

삶은 희망이다 hope

삶은 멀리서 보면 희극이다 comedy

삶은 가까이 보면 비극이다 tragedy

새힘 새봄에 봅시다

어쩔 수 없이 겨울잠 자렵니다.
토끼들이 사자 코털 건듭니다.

너를 보고 나를 내려놓습니다.
나를 보고 너를 가다듬습니다.

오래오래 공부하다보니 졸리네요.
나날이 마시다보니 피곤하네요.

초등국민학생이 메타버스학생을 가르치네요.
주변 잡동사니 걸러내려고 깊게 심호흡하네요.

기어코 겨울을 이겨내려고 길게 숨고르네요.
새힘 새봄에 봅시다 추가인생공부 백일쯤 걸리네요.

명품준비

농담따먹기 우스갯소리 능해서 그런가,
난생처음 큰강당 강연에 초대되었다오.

내심 움찔 야단,
주제선정부터 불안 초조,
당일 청중 반응까지 지레 겁.

과거지사 헐뜯은 소품강연 거울삼아,
기왕지사 수락했으니 명품강연 준비함세.

주제는 매일 읊어대는 '생활시(生活詩)',
피피티자료와 강연시나리오 집중몰입으로 완성했다오,

바싹 다가오는 강연,
곱씹은 생활시 명품처럼,
요목조목 읊어대리라.

자연스레 살게꼬롬

덫과 올가미에,
걸리지 말지어다 짐승들아.

그물과 어망에,
걸리지 말지어다 물고기들아.

거미줄과 새망에,
걸리지 말지어다 곤충과 새들아.

볼모와 담보에,
잡히지 말지어다 착한 인간들아.

유혹과 모함에,
잡히지 말지어다 평범한 뭇사람들아.

흉계와 술책에,
잡히지 말지어다 만물의 영장들아.

자연스레 살게꼬롬,
걸리지 잡히지 말지어다.

회향

아량을 베풀지어다
모든 중생에게,

선심을 내놓을지어다
모든 존재에게,

호의를 품을지어다
모든 인간에게,

도량을 쌓을지어다
그대에게도,

자비를 줄지어다
순간 웬수에게도,

공덕을 넓힐지어다
나 자신에게도,

회향(廻向)하면,
더 큰 복이 온답니다.

울어라 토해내라

그 누가 노래했던가,
"죄 많은 밤비야,
너만 실컷 울어라."

그 누가 읊었던가,
"한 많은 야우야,
너만 한껏 토해내라."

밤비야,
죄를 다 씻도록,
실컷 퍼부어라.

야우야,
한이 다 풀리도록,
한껏 쏟아부어라.

비껴가라

내고향 대전,
폭우도 태풍도,
폭설도 지진도,
그냥 비껴가고,

내조국 대한민국,
총칼도 핵폭탄도,
전염병도 코로나도,
빨랑 비껴가거라.

강아지풀

어릴 적 묵정밭 들녘에서 흔히 보았네.
이제는 아파트밭 양지녘에서 춤을 추네.

잎은 서로 어긋나도,
이리저리 균형 잡으며,
화단 모퉁이 귀퉁이 채우네,

줄기는 가냘프어도,
약하다고 코웃음 치지 말라고,
하늘 향해 쭈욱 팔을 걷어붙이네.

이삭은 어리게 보여도,
잦은 비바람에 큰소리치려고,
어른스레 얼굴에 긴수염을 길렀네.

여름 더위야 갈 테면 가라지.
옛 별명이 '가라지'라네.

소싯적 간지럼 피우며 장난질했지.
그래서 강아지풀 개꼬리풀 구미초라네.

동서양 어우름

요한 볼프강 폰은 괴테꺼요,
요즘 들고 다니는 핸드폰은 내껍니다.

레오나르도 다 빈치는 화가이고요,
레알 전국 '다비치'는 안경점입니다.

에이브러햄 링컨은 대통령이고요,
에이 부러운맛햄은 내쐬주안주랍니다.

사려깊은날의 교훈

내일보다 젊게 살자.
어제보다 신나게 살자.

이젠 가르치며 살자.
그래도 배우며 살자.

생각은 넓고 길게 하자.
판단은 짧고 굵게 하자.

더위는 냄새나는 그냥땀이요.
노력은 향기나는 진땀이다.

숫자는 가벼운 산수요.
돈은 무거운 수학이다.

시간흐름은 단순한 단수요.
사람사귐은 복잡한 복수다.

깜이 아닐지라도

10분간 '위로 100km 우주여행',
몇백억원 쉽게 풀었다네,
세계최고부자 제프 베이조스.

10년간 '옆으로 100km 지구여행',
몇백만원 어렵게 썼다네,
보통사람 영식영희 철수순희.

동물의 왕국 제왕 사자 호랑이,
겉모양은 늠름하고 강인해 보이지만,
왠지 멸종위기 사라져 간다네.

나약해 보이는 곤충 모기,
감히 만물의 영장 피를 빨며,
종류도 다양해지고 숫자도 늘고 있다네.

좌우지간 서로 단순비교하지 말고,
'부러우면 지는 거다'라고 했던가요,
깜이 아닐지라도 깜냥깜냥 힘차게 삽시다.

칠거지력(七去之力)

끄덕끄덕 긍정에너지로,
은근슬쩍 미소에너지가 생기네.

으랏차차 웃음에너지는,
저산너머 희망에너지로 물드네.

생글생글 행복에너지가,
끈적끈적 사랑에너지로 물드네.

아하아하 에너지가 모여,
쨉이없는 꿈에너지로 탄생하네.

갈마(葛馬)

모주꾼 주독을 풀어준다는 옛 칡동네, 갈마동.
지친 말의 갈증을 멎게 해준다는 옛 말동네, 갈마동.

직장 때문에 이곳으로 이사 온 지 어언 삼십 년,
재(財)테크 서툴러 남들처럼 옮겨 살지 못하고,

깻잎 방아잎처럼 약해 빠져 정만 듬뿍,
인(人)테크 열중하다가 뭇사람한테 버림받고,

그러다가 주(酒)테크에 빠졌지만,
그나마 주독 풀어주고 갈증 멎게 하는,
내 삶터 갈마(葛馬)에서 버티는구려.

12빈* 삼박삼외삼처

빈가슴 각박함,
빈마음 박박함,
빈사랑 야박함.

빈자리 외로움,
빈소리 외마디,
빈술잔 외톨이.

빈손 처량함,
빈주머니 처절함,
빈지게 처참함.

빈거리 쓸쓸하고 허전하고 헛되도다,
빈영업 배고프고 비참하고 덧없도다,
빈일상 삭막하고 답답하고 빈번하도다.

* 최근 코로나19로 인한 답답한 일상을 절절하고, 빈빈(貧貧)하게 표현했습니다

꿈과 시

프로이트 '꿈의 해석',
나열해본다.

꿈의 '원천' '재료' '왜곡' '정서',
'망각' '각성' '욕구충족',

꿈 작업,
'농축작업' '전위작업' '표현작업',

꿈 유사성,
'실수' '신경증' '심리학',

나의 결론,
'내적자극' '외적자극' '무유식적자극',

꿈과 시(詩)는,
'동성동본'이다.

시작(詩作)해유

빨리 시작할수록 좋습니다.
주의집중이 자동으로 됩니다.
정신건강에 매우 거시기합니다.
삶이 그럭저럭 사려깊고 진지합니다.

짐승은 가죽 남기는데,
시집(詩集)으로 이름 남깁니다.
나처럼 눈에서 빛이 나고,
얼굴에서 광채가 납니다,

시예찬론자에겐,
이성친구도 잘 생깁니다.
시극찬론자에겐,
스무살아래 말벗도 챙겨집니다.

초몰입으로 주변 사람에겐,
불편을 주지 않을 뿐만 아니라,
자식에게 '거꾸로 효자노릇'을 하는,
치매예방에 으뜸 특효랍니다.

얼릉 시작(始作),
내꺼 시작(詩作)해유.

생활시, 하루하루 행복 詩作

시작(始作),
조석으로 산뜻합니다 start.

시작(試作),
시험 삼아 노력합니다 try.

시작(市作),
내 삶터 시내를 밝힙니다 city

시작(詩作),
하루하루 행복합니다 poem

'꿈의 대화' 詩作 즈음하여

요즈음, 자면서 꿈을 자주 꾸곤 합니다.
낮에 하릴없이 깊은 생각에 잠겨서 그런가 봅니다.
꿈은 '자아 내면의 현실적 나타남'일 수 있습니다.
난, 잠꼬대 같은 꿈을 꿀지라도 그를 멈출 때까지
그 '꿈의 대화'를 시작(詩作)하기로 했습니다.

왠지, 아까운 삶의 주요사항을 망각할 수도 있고, 흘려보낼 수도 있으며, 스스로 지워버릴 수도 있을 것 같아서입니다.
그 시작과 방법은 꿈의 줄거리를 그대로 적어서, 즉각적인 순간분석과 함께 시로 남기고, 더불어 주관적 때론 객관적 교훈으로 삼아, 여생의 참고자료로 활용하기로 했습니다.

하온대, 지금 오늘 꾼 꿈의 줄거리가 가물가물 기억이 온전하지 않아, 그 꿈을 찾아 헤맨답니다.
꿈의 본질인가요, 그래서 내 삶의 기록 교훈 참고자료를 위하여 매진하겠습니다.

생활 詩作

가슴속,
마음속,
하고 싶은 心語를,

나름대로,
간결하게,
멋드러지게 詩語로 형상화하는 일.

* 16년(1236~1251) 거쳐 만든 '팔만대장경 (유네스코세계문화유산 지정, 국보 제32호)'을, 5字로 줄이면 일체유심조(一切唯心造)이고, 이를 1字로 줄이면 (心)이랍니다.
* 心을 절(寺)에서 말(言)하듯 詩로 토해냅시다.

제2인생 명함안을 구상하면서

앞으로,
어떻게 살꼬,

적어도 20여 년,
나 자신을 3초 안에,

상대방에게 대변할,
명함안을 구상하고자,

맑은 새벽에 심신 가다듬고,
행복 만끽할 요약 3,

전지전능(錢知錢能) 할 쩐을,
희망지킴이로 하면서 1,

외로움과 시름을 견뎌낼,
주식회사(酒食會社) 대표주님으로 2,

내가 그대도 남보다 즐거워하는,
생활시 하루하루 시작(詩作) 詩長으로 3,

그리고 기본 6,
詩號 韓名 電番 英名 漢名 글로벌愛稱
앞으로, 그리 살겠쏘.

일상행복, 누가 뭐래도

일상기본 구행(九行),
입고 먹고 자고,
쉬고 배우고 키우고,
여행가고 병원가고 부채갚고.

내주머니 기본이,
일상행복 백년해로(百年偕老),
삶의 일상불편 일상부작용 해소.

내주머니 기본을 잃으면 구실(九失),
가족 친지 친구 이웃 잃고,
시간 건강 신용 자존심 잃고,
평범일상행복 잃는다.

저속하다고 비웃지 마세요,
인간과 돈의 상관관계를.

누가 뭐래도,
내 주머니 기본은,
영원한 일상행복과 평행선.

메아리 담화문

쉽지 않았던,
제1인생동업.

궁핍할 때는 더 그러하더라.
외마디 외침은 더 외롭더라.
나이들음은 더 덧없더라.

메아리는 조금씩 변하더라.
울림은 조금씩 흔들리더라.
에코는 조금씩 사라지더라.

돈아돈아 돌아돌아 오듯이,
자연바람이 에어컨보다 싱그럽듯이,
올곧은 메아리가 그립구나.

체력적 좌절과 연령적 차별 겪는,
요즈음 이제는 그 아픔만큼,

순수동업 영원동업이 되도록,
제2인생동업,
메아리 담화문을 내면 깊숙이 발표하노라.

삼 쌈

집착보다는 애착으로,
돼지고기 넣고 야채와 함께,
건강 일 쌈.

동냥보다는 동정으로,
싸우지 말고 악의 없는 선의,
경쟁 이 쌈.

지식보다는 지혜로,
차근차근 정성스레 탑을 쌓듯,
성공 삼 쌈.

버팀이라네

어제는 엄청난 천둥이 내리쳤다.
하늘이 시기하고 시새우고 시새움하네.

오늘은 무섭게 번개가 번쩍인다.
너와 나의 형자(形姿)가 나달거리네.

그래도 우리네 인생이다.
결국 꼬부랑 혼자걸음 버팀이라네.

근본을 갈망하다

본디,
나를 찾고 싶소이다.

본래,
바탕을 찾고 싶소이다.

본시,
뿌리를 찾고 싶소이다.

본연,
근본을 찾고 싶소이다.

인간관계 반성문

돈따라 자존심따라 애걸복걸,
아침안개처럼 왔다리갔다리 하네.

술따라 풋사랑따라 안달복달,
주마등처럼 잽싸게 가볍게 구네.

근데 나의 주춧돌 머릿돌은 어디에,
조약돌처럼 수많은 인간관계 자랑하면서.

아지랑이

밥한끼 같이 하면서,
술한잔 함께 나누면서,
아지랑이 웃음으로 화기애애하네.

어제 만나 땅얘기하면서,
오늘낼 나투어 하늘얘기 나누면서,
아지랑이 희망으로 애기애애하네.

아름다운 우리말 '어얼엉아'

어릴 적,
알나리깔나리 얼레리꼴레리 얼레꼴레 하면서,
아이들을 놀리며 놀았지요.

어슴푸레,
어리보기 어리버리 얼레벌레 어영부영 어리석고,
어리숭어리숙 얼쑹 아리송하게 공부한 기억도 있지요.

어마어마하게,
엉겁결 얼김 얼떨결 얼떨떨한,
경험도 했지요.

어스름한 저녁,
엉너리 어벌쩡 얼렁뚱땅한,
만남도 있었지요.

아~ 모든 일이,
아름다운 우리말과 아우러
엉뚱하게도 어물거리고 얼얼하네요.

큼큼 들들

미래의,
희망과,
미소를,
찾고자,
　　엉큼,
　　앙큼,
　　음큼하게,
　　큼큼대네요.

장래의,
웃음과,
건강을,
가다듬고자,

　　번들번들,
　　반들반들,
　　부들부들,
　　이들이들하게,
　　들들대네요.

깜냥껏

'곳간에서 인심난다' 믿고,
'술한잔에서 인심난다'고 우겨서,
너무 고집부려 고라리 되었다오.

난 보통내기 아니라고,
스스로 여간내기 아니라고 하면서,
너무 빨리 나와 무녀리 되었다오.

이제는,
요모조모 재주아치 답게,
여러 슬기주머니 답게,
자연스레 깜냥껏 삽시다.

여름휴가

쐬주 한방울을,
참기름 한방울 아끼듯이,

    소의 워낭소리를,
    돼지 진주목걸이소리 듣듯이,

순도 백프로 진도 백프로,
밤막걸리는 아니듯이,

    쥐뿔개뿔 낭창낭창하게,
    흐르는 냇물 차고넘치듯이,

물소리 새소리 버금가는,
탈꾼 종묘제례악 춤추듯이,

    여름휴가 빗소리에 깔끔하게,
    순간순간 즐거움에 꼴까닥합니다.

물거품배

쏟아내린다.
여름폭우다.

어느 유원지 '혼밥혼술'하는 내 옆에,
센 강물이 흐른다.

어차피 세월대비하는 나에게,
고독준비하는 나에게,

아직도 할 일 많은 나에게,
갈 길 바쁜 나에게,

쏜살같이 빠른 '물거품배'에,
백신(vaccine) 맞을 필요없이 그냥,

타라고 손짓발짓,
정중히 거절했도다.

행복호르몬 '엔세멜아도다'

엔돌핀 웃음호르몬,
웃으면 나온다.

세로토닌 소확행호르몬,
평안하면 나온다.

멜라토닌 밝음호르몬,
햇볕 쬐면 나온다.

아드레날린 혈관호르몬,
튼튼하면 나온다.

도파민 쾌감호르몬,
사랑하면 나온다.

다이돌핀 감동호르몬,
감동 받으면 행복스러우면 나온다.

아쉽지만

인생 박모(薄暮)가 시작될 즈음,
만단정회(萬端情懷) 나누려고,
주변을 낱낱이 살펴보아도,
거짓 바쁜 척하는구려.

화광동진(和光同塵) 하면서 살아왔건만,
때론 순수하게 직수굿했건만,
나를 맘껏 활용한 그놈들까지,
아무도 가뭇없구려.

타고난 근성 때문에 허영허영 댈 수 없고,
아쉽지만 늦었지만 억지로 반성도 성공의 반(半)인 양,
방귀 트고 같이 내음새 맡을,
동행자라도 찾으려고 노력하구려.

아리아리 아리송

사람살이,
비움이 행복한지,
채움이 행복한지,
아직도,
진정으로,
아리아리하다.

자연살이,
적은 풀이 푸른지,
많은 숲이 푸른지,
매일 보아도,
초록은 동색이라,
그래도 아리송하다.

요즈음 젊은이들

'하루세끼'보다 주전부리,

'아침점심저녁식사'보다 군것질,

'제때먹은음식'보다 군음식,

'가족들과함께'보다 간식,

'바쁜일정남들과함께'보다 스낵,

'요즈음젊은이들함께'보다 혼합혼식.

어차피 세파속에서

굶어보니 돈이 하늘(天)이로다.
신선이요 생명이요 철학이로다.

당해보니 쩐이 노른자 땅덩어리(地)로다.
부처보다 예수보다 자존심보다 위로다.

없어보니 자본이 멋진 인간(人)이로다.
장군이요 의사요 의적이로다.

천지인(天地人)

나이가 들어감에,
천국적인 인술(仁術)로,
어질게 내몸을 편안하게 해야 합니다.

나이를 먹어감에,
지구과학적인 의술(醫術)로,
여러가지 내몸의 병을 고쳐야 합니다.

나이가 쌓여감에,
인간적인 인술(人術)로,
사람사이 내몸의 응어리를 풀어야 합니다.

날려 보냅시다

고도리 고스톱 짓고땡,
화투(花鬪) 화찰(花札) 일본어 하나후다,

열두달상징 12종 48장 화초그림딱지노름,
1월송학 2월매조 3월벚꽃 4월등나무(흑사리),
5월난초 6월모란 7월홍싸리 8월공산,
9월국화 10월단풍 11월오동 12월비,

일본어 '고도리(五鳥)' 다섯마리새노름,
이찌 니 산 시 고(5) 로쿠 시치 하치 큐우 쥬우(10),
2월꾀꼬리1마리 4월두견새1마리 8월기러기3마리,

변형일본어 '고스톱' '짓고땡' 다섯잃는노름,
돈잃고 인심잃고 건강잃고 친구잃고 내일잃고,

이제 몇 번이고 묻고 싶습니다.
조선말기 퍼뜨린 일본문화 잔재(殘滓)를,
가정 초상집 술집 사무실 공황 등지에서 이런 찌꺼기를,
우리가 '한국화투공화국'으로 두드려야 하나요?

고도리 고스톱 짓고땡,
패는 담요 화투패를 벤또에 담아,
드론으로 깔끔하게 영원히 날려 보냅시다.

차츰 깨달음 경지로

사는 곳 주차경쟁 가로문제,
자는 곳 층간소음 세로문제,

옛부터 사내들 '침어낙안(沈魚落雁)' 문제,
지금도 수컷들 '폐월수화(閉月羞花)' 문제,

이제는 얽매임에서 벗어나고,
깨진시루 엎질러진물 쏜화살은 과감히 잊고,

갯바닥고운흙 같은 부드러움 경지로,
쟁반 같은 받치고 끌어안음 경지로,

차츰차츰 깨달음 안락함 경지로,
가까이가까이 들어섬이 어떨는지요.

팔자성어

잘난 체하지 말고,
아는 척하지 말지어다.

입가 팔자주름 더디게 젊게,
기왕이면 뇌하게 살지 말지어다.

거리마다 모임마다 가게마다,
휑뎅그렁한 코로나 요즈음.

바람칼로 비구름을 가르듯,
날갯죽지로 안개를 거두듯.

늘 배움을 처방 삼아,
배움을 운명으로 나를 가꿀지어다.

"배움포기 늙기시작",
"팔자성어 팔짜성어".

말장난 글장난

말장난 표현력 해학력,
글장난 이해력 적응력,

결자해지 풀어야지,
역지사지 바꿔야지,

구절양장 꼬불꼬불,
인생강물 꾸불꾸불,

자정방수 연잎효과,
소탐대실 나비효과,

괴나리봇짐 억척스레,
끈늘이봇짐 걸쌈스레,

애매모호 시쁘장스레,
우중필주 무지막지스레,

걱실걱실 시원스레,
말글장난 자연스레.

큰마음 나사랑

시공을 아우르고,
세월을 넘나들면서,

한계를 초월하고,
잠재능력을 끌어당기면서,

경험을 바탕으로 기쁨을 가득하게,
삶을 근간으로 꿈을 풍요롭게,

지속적인 자기암시 자기최면으로,
소중한 내가치 높이면서,

훨훨 넘어가는 해 잡아당기고,
널널 지는 꽃 다시 피우면서,

어우렁더우렁 넓디넓은,
큰마음 내사랑 챙깁니다.

씩씩 당당 작작 왕왕

나이 들어도 씩씩하게 삽시다.

누가 뭐래도 당당하게 삽시다.

지나치지 아니하게 작작하게 일합시다.

거침없이 기세 좋게 왕왕하게 일합시다.

칠십 팔십오

하루 오만가지생각 칠십퍼센트가 부정적이라네요.
우리생각의 팔십오퍼센트를 긍정적으로 바꾸고
너무 부정적으로 애쓰지 맙시다.

재미없는 대중언어 칠십퍼센트를 풍자해학익살로 하고요,
우리세치혀 팔십오퍼센트를 재미있는
풍자해학 익살세상으로 만들면 어떨까요.

인체의 칠십퍼센트가 물이지요,
우리뇌의 팔십오퍼센트가 좋은물이라니까
세상을 깨끗하게 정화시킵시다.

지구의 칠십퍼센트가 바다라지요,
우리가정 우리지역 우리나라 팔십오퍼센트라도
행복바다 만들면 어떨런지요.

알아차림

산삼인지 고사리인지,
나부터 알아야 합니다.

산삼인지 더덕인지,
주변까지 깨달아야 합니다.

더덕인지 고사리인지,
자세히 느껴야 합니다.

밥값은 선택, 굶든지 집밥하든지,
자존심, 마음 챙겨야 합니다.

술값은 필수, 번갈아 내든지 본인이 쏘든지,
자존감, 알아차려야 합니다.

'23전승무패신화' 나에게

1승 억만분의 1 경쟁력을 뚫고 엄마 뱃속에서 신화처럼 나왔다.
2승 어릴 적 툇마루에서 떨어져 머리 크게 다쳐도 피한방울 안흘렸다.
3승 초등학생 시절 미끄럼틀 타고 내려오다가 옆구리 찢어져도 안울었다.
4승 꼬마시절 살던 동네의 구슬치기와 딱지치기 우상이었다.
5승 중학교때 소풍가다가 잔디밭에서 씨름판이 벌어졌는데 전승했다.
6승 혈기왕성한 십대 동네 야산 기마전에서 완승하곤 했다.
7승 중학생말년 벼락공부 백일집중으로 명문고등학교 합격했다.
8승 고등학교시절 과감히 막걸리부터 배워 젊은 철학자 구실 했다.
9승 호기심 많았던 빡빡머리 우리집 옥상에서 친구들이랑 몰래 담배 배웠다.
10승 대학시절 전공과목이 맞지 않아 술써클을 조직하여 인생을 논했다.
11승 군대가기직전 난생처음 노가다잡부 한달 받은 수고비로 멋진 여행했다.

12승 군대쫄병시절 보초 근무하다가 울타리밖 아줌마 꼬셔 면회신청케 해서 밖에서 실컷 자유를 만끽했다.
  13승 군대고참시절 펜팔로 고교여학생 사귀어 찐하게 교제했다.
  14승 군대말년 러브편지 러브통화로 경상도아가씨 만나 장래까지 약속할 뻔했다.
  15승 제대직후 집안기울음 눈치채고 수학시험 과목이 없는 7급공무원시험공부를 순간판단 시작했다(9급은 수학 있음/난 수학 질색)
  16승 나이이십오세 백일집중으로 확실한 삶의 진로 7급공무원으로 당당히 합격했다.
  17승 공직중간관리급 계장시절에 업무참고실적서를 3권 편찬 직원과 주민에게 편리함을 주었다.
  18승 공직경력 십여년 나이 삼십팔세 동장(기관장)이 되어 내 뜻대로 많은 일을 벌였다.
  19승 두번째 기관장으로 발령받고 그 지역의 축제('느티나무제')를 처음 열었는데 지금까지 이십 년 가까이 지속된다.
  20승 지역문화수준을 높이고자 '대전팝스오케트라'를 설립하여 완전성공은 아니지만 인간의 경지를 넘어 신의 경지인 정기콘서트 50여회 십여년 동안 모두 기획했다.

21승 주5일제 시행으로 남은 2일을 멋지게 보내고자 그럴싸한 곳에 미술작품갤러리를 지인들과 만들어 작품을 즐겁게 감상했다.

22승 공직말년에 나를 정화시키기 위한 시집 2권과 공직내부를 질책하는 에세이집 1권을 세상에 내보냈다.

23승 '전국58년개띠축제' 회장을 3년 연임하면서 베이비부머세대의 의미를 재조명하고 자축했다.

나의 우상(偶像) 이순신님 '23전승무패신화'를 나의 삶속에서 억지로 끄집어내 회자(膾炙)해봤습니다.

60번뇌

그거만 받아들인다
그거면 받아들인다
그것마저도 받아들인다
그것이나마 받아들인다
그나마 받아들인다
그나마나 받아들인다
그나저나 받아들인다
그냥 받아들인다
그대로 받아들인다
그래도 받아들인다

그래서 받아들인다
그려 받아들인다
그러게나 받아들인다
그러거나 받아들인다
그러곤 받아들인다
그러나 받아들인다
그러니 받아들인다
그러니까 받아들인다
그러다가 받아들인다
그러려나 받아들인다

그러려니 받아들인다
그러려면 받아들인다
그리리라 받아들인다
그러며 받아들인다
그러면 받아들인다
그러면서 받아들인다
그러면서도 받아들인다
그러므로 받아들인다
그러무나 받아들인다
그러자니 받아들인다

                    그러죠 받아들인다
                    그러하지만 받아들인다
                    그러한 받아들인다
                    그러할지라도 받아들인다
                    그런고로 받아들인다
                    그런대로 받아들인다
                    그런데 받아들인다
                    그럴까 받아들인다
                    그럴때마다 받아들인다
                    그럴싸하게 받아들인다

그럴수록 받아들인다
그럴지라도 받아들인다
그럼 받아들인다
그럼에도 받아들인다
그렇게 받아들인다
그렇게까지 받아들인다
그렇게나 받아들인다
그렇겠지 받아들인다
그렇겠네 받아들인다
그렇구나 받아들인다

                              그렇다면 받아들인다
                              그렇죠 받아들인다
                              그렇지 받아들인다
                              그렇지만 받아들인다
                              그리 받아들인다
                              그리고 받아들인다
                              그리되나 받아들인다
                              그리하여 받아들인다
                              그야말로 받아들인다
                              그토록 받아들인다

사유(思惟), 나홀로 백발번뇌

어느 날, 자는 둥 마는 둥 하면서 뒤척인다.

1. 잠, 깸의 경계
2. 빔, 채움의 경계
3. 어둠, 밝음의 경계
4. 있음, 없음의 경계
5. 확실, 희미함의 경계
6. 허, 실의 경계
7. 참, 거짓의 경계
8. 삶, 죽음의 경계
9. 남, 여의 경계
0. 프로, 아마의 경계

11. 작음, 큼과의 경계
12. 적음, 많음의 경계
13. 굵음, 가느름의 경계
14. 동물, 식물의 경계
15. 앎, 모름의 경계
16. 괴로움, 즐거움의 경계
17. 생물, 미생물의 경계
18. 음식, 쓰레기의 경계
19. 만족, 불만족의 경계
20. 나쁨, 좋음의 경계

21. 먹음, 뱉음의 경계
22. 건강, 아픔의 경계
23. 너, 나의 경계
24. 소수, 다수의 경계
25. 멋, 추함의 경계
26. 단순, 복잡의 한계
27. 안, 밖의 경계
28. 겉, 속의 경계
29. 앞, 뒤의 경계
30. 순수, 도발의 경계

31. 지저분함, 깨끗함의 경계
32. 약함, 강함의 경계
33. 젊음, 늙음의 경계
34. 조용함, 시끄러움의 경계

35. 새것, 옛것의 경계
36. 자식, 부모의 경계
37. 인간, 동물의 경계
38. 주식, 부식의 경계
39. 일, 놀이의 경계
40. 위, 아래의 경계

41. 순간, 영원의 경
42. 엉성함, 빽빽함의 경계
43. 딱딱함, 부드러움의 경계
44. 높음, 낮음의 경계
45. 김, 짧음의 경계
46. 전진, 후퇴의 경계
47. 약, 독의 경계
48. 감각, 무감각의 경계
49. 의심, 믿음의 경계
50. 부정, 긍정의 경계

51. 이해, 몰이해의 경계
52. 의욕, 상실의 경계
53. 자유, 부자유의 경계
54. 상식, 비상식의 경계
55. 법률, 비법률의 경계
56. 전체, 부분의 경계
57. 고고함, 저질스러움의 경계
58. 감성, 이성의 경계
59. 형이상학, 형이하학의 경계
60. 투명, 불투명의 경계

61. 구체적, 개괄적의 경계
62. 맹목적, 목적의 경계
63. 투명, 불투명의 경계
64. 과거, 현재의 경계
65. 단조로움, 다양함의 경계
66. 정지, 운동의 경계
67. 차가움, 따뜻함의 경계
68. 유죄, 무죄의 경계
69. 마, 신의 경계
70. 베품, 당함의 경계

71. 넣음, 뺌의 경계
72. 미움, 이쁨의 경계
73. 매끄러움, 거칠음의 경계
74. 짬, 싱거움의 경계
75. 로맨스, 불륜의 경계
76. 성년, 미성년의 경계
77. 선생, 학생의 경계
78. 내용, 형식의 경계

79. 이익, 손해의 경계   80. 성장, 저해의 경계

81. 웃음, 울음의 경계   82. 사랑, 증오의 경계
83. 향기, 악취의 경계   84. 문명이기, 문명해기의 경계
85. 창조, 파괴의 경계   86. 고물, 골동품의 경계
87. 도시, 시골의 경계   88. 동거, 결혼의 경계
89. 흙, 먼지의 경계   90. 눈, 비의 경계

91. 오름, 내림의 경계   92. 화, 복의 경계
93. 성공, 실패의 경계   94. 부자, 가난의 경계
95. 소통, 단절의 경계   96. 행복, 불행의 경계
97. 당선, 탈락의 경계   98. 등산, 하산의 경계
99. 참여, 불참의 경계   100. 배고픔, 포만감의 경계

101. 장애, 비장애의 경계 102. 특별, 보통의 경계
103. 육체, 영혼의 경계   104. 식전, 식후의 경계
105. 유식, 무식의 경계   106. 특별, 보통의 경계
107. 선, 악의 경계   108. 존재, 부존재의 경계

이 모든 것이,
나와 내 주변을 헷갈리고,
헷갈리게 한다.

하루하루
행복 詩作
365

- 비를 좋아하는 사람은 악인이 없고,
- 술을 좋아하는 사람은 악인이 없다.

5

심심시(心心詩)

Unknown title, 박관우 화가

―― 詩
―― 메타버스포엠

이사 갔던 엄마가 돌아오다

엄마 그리워요.
앞산으로 이사 간 지,
12년 되었어요.

지금 나이테가 어찌 되었지요.
그때 77살이었으니까,
어느새 89살 되었다네,

세월이 덧없이 흘렀구려.
돈 벌어서 우주여행 같이 가고 싶소이다.
1박 2일 하는데 약 4억 든답니다.

가능한 빨랑,
가고 싶습니다.

64년 전 감각으로,
이젠 내가 업고 갈께요,

이사 갔던 엄마가,
돌아왔으니까요.

* 메타버스포엠(metaverse poem) : 가공, 추상을 의미하는 '메타(meta)'
  현실 세계를 의미하는 '유니버스(universe)'의 합성어
  메타버스로 표현하는 3차원 가상세계, 가상공간 時
* 2021년 7월에 시인 밤비가 세계 최초 용어 정리하고, 위 첫 작품 발표하다.

詩 ―
메타버스포엠 ―

남북통일 평화통일 되었네요

분단과 갈등 어언 70여 년,
드디어 남북통일,
간절히 바라는 대로 평화통일 되었네요.

민족의 아픔이 아부지 아픔 내 아픔,
곧바로 아부지 고향으로 드론 타고 갔지요.
그곳은 '함경남도 문천군 도초면 천내리 263',

인근에 낭림산맥 마식령산맥 두류산 영흥만이 있고,
아부지 뿌리가 박혁거세 72대손 한성공파인가요,
아니면 한성부윤공파 규정공파인가요,
분단으로 뿌리까지 헷갈리네요.

최근 뿌리라도 정리해 볼까요.
창신 창록 창화 창길 4형제라고 했던가요,
아부지 창화 밑에 남식 영식 있고요,
둘째 아들 영식 밑에 상훈 상민 상우랍니다.

―― 詩
―― 메타버스포엠

아부지 아부지 남북통일 평화통일 되었으니,
자식들 앞에서 즐겨 드시던 함경도 고향 음식,
국수와 왕만두로 동네 큰잔치 하시죠,

이젠 주변 강대국가 헛된 말 듣고 분단되지 말고,
코뿔소의 뿔처럼 통일만큼은 우리 민족 혼자 가요,
우리가 기필코 초강대국이 되었으니까요.

詩 ──
디카시 ──

부엉이 가상현실

재물복 상징 귀여운 조류 부엉이,
몸집 가장 큰 포유류 코끼리,
포유류 영역 땅 위에서 조류 부엉이 소원 풀었다.
가상현실 두 마리 큰 부엉이 무릎 아래,
두 마리 작은코끼리 눈코 깔고 기죽어 있다.

* '디카시'는 디지털카메라와 시의 합성어로 자연이나 사물에서 시적 형상을 포착하여 찍은 영상과 함께 문자로 표현한 시입니다.

― 詩
― 디카시

냉장고 속 당근

뿌리 작물 당근,
며칠 후 먹으려고 냉장 보관했는데,

냉장고 속에서도 새싹,
다른 작물은 성장 멈춤 유지만 하는데,

기특해서 내술컵에 담아,
부럽게 작물작품 감상하는데,

뿌리가 크도록 솎아줬던 배려인가,
싹이 더 크지 못한 애한인가,

영원한 먹힘의 생명력인가,
강인한 남근의 표상인가,

아마AMA 온니원 only one

밤비, 박영식
night rain, young sik park

천지인 삼재,　　　　　three original
하늘 땅 사람,　　　　　heaven, earth and man.

유불도 삼교,　　　　　three religion
유교 불교 도교,　　　　confucianism, buddhism and taoism,

과현미 삼세,　　　　　three genenation
과거 현재 미래,　　　　past, present and future

천지인 유불도 과현미,
무엇이든 물어보세요,　ask me anything.

아마　　　　　　　　　AMA maybe,
모두　　　　　　　　　all,
온니 원　　　　　　　 only one.

詩
四言絶句

無惡歌(무악가)

雨好無惡　　酒好無惡
우호무악　　주호무악

友好無惡　　樂好無惡
우호무악　　악호무악

비를 좋아하는 사람은 악인이 없고,
술을 좋아하는 사람은 악인이 없다.

친구들을 좋아하는 사람은 악인이 없고,
음악을 좋아하는 사람은 악인이 없다.

詩 ——
비교희극시 ——

풀꽃　　Vs　　품새

자세히 보아야　　자세히 보아야
예쁘다　　　　　공중발차기다

오래 보아야　　　오래 보아야
사랑스럽다　　　품새다

너도　　　　　　너도
그렇다　　　　　그렇다

너도　　　　　　너도
나태주　　　　　나태주

―― 詩
―― 비교희극시

중국 지도자 분석

린바오(林彪) 담배는 피웠으나 술은 마시지 않음,
　　63세 사망.

주은래(周恩來) 술은 마셨으나 담배는 피우지 않음,
　　73세 사망.

모택동(毛澤東) 술도 마시고 담배도 피움, 83세 사망.

등소평(鄧小平) 술도 마시고 담배도 피우고 카드도 즐김,
　　93세 사망.

장학량(張学良) 술도 마시고 담배도 피우고 카드도 즐기고
　　첩도 있었음, 103세 사망.

레이펑(雷鋒) 술도 안 마시고 담배도 안 피우고 카드도 안
　　즐기고 여자친구도 없었고 오직 좋은 일만 했음,
　　23세 사망.

詩 ―
삼행시 ―

땅꼬마

땅 땅에서 살지요 날개가 없어서

꼬 꼬라지가 그려요 항상 다듬어도

마 마시는 데까지 마셔요 누가 내 쐬주 마실까 봐요

소소소

소 소동파 중국 북송 시인 왈,
소 소주는 쐬주는 술은,
소 소수추 근심을 쓸어주는 빗자루랍니다.

―― 詩
―― 사행시

시시시시

시나브로 한 해가 두 해가 갔습니다.
시라소니 폼도 후까시도 잡았습니다.
시라스시 맵게 맛있게 먹었습니다.
시라쓰니 핀잔도 술잔도 들었습니다.

666, 777, 888, 999

666
육체가 다소 힘들어도,
육개월만 열정적으로 무슨 일을 하면,
육억의 선한 부자가 될 듯합니다.

777
칠은 행운의 숫자,
칠전팔기 미팅과 각고의 노력으로,
칠년 행운을 단숨에 거머쥡니다.

888
팔베개처럼 포근한 투자로,
팔짜를 고치는 그날까지
팔방미인다운 열정을 보입시다.

999
구원의 손길을 간절히 기다리면서,
구하라 나를 재정적 자유로 인도하라,
구사일생으로 참살이로 이끌어준 만남이 되게 하라.

태영생막창

태 태생적으로 돼지 소로 일하다가,

영 영양가 만점 내장을,

생 생기있는 안주로 다시 베푸니,

막 막 구워서 야채와 함께,

창 창창하게 막창 홍창 드세요.

**開業에 즈음하여

차가버섯차

차 차라리,
가 가슴 저미며,
버 버리지 못할 한이 있을지라도,
섯 섯돌아치며 선머슴처럼 그냥 살다 보면,
차 차츰차츰 어쩌면 미련없는 삶의 한 조각으로 흩어지리라.

詩 ―
육행시 ―

돌파구 구세주

돌 돌팔매를 맞아가면서
파 파김치 되어가면서
구 구걸하는 듯

구 구역질하는 듯
세 세상을 바라보면서
주 주야장창 기다리는 모진 인생이로구나

메리크리스마스

메리 덕구 견공도 덩더쿵,

리듬에 엊그제 눈발에 맞추어,

크나큰 인류애를 마냥,

리어카에 가득가득 싣고,

스치로폼 선물 보따리 한 아름씩,

마주치는 모든 사람들에게,

스치듯 사랑 퍼주고 미련 없이 내년을 기약하네.

詩 ―
팔행시 ―

예수탄생이공이이

예 예사롭지 않았습니다

수 수많은 사람을 베풀었습니다

탄 탄탄대로에 뿌렸습니다

생 생이 부활 되었습니다

이 이쯤 되면 극락 세상이옵니다

공 공사를 구분하지 아니했습니다

이 이로운 세상 만들었습니다

이 이렇듯 2022년 전부터 그리했습니다.

── 詩
── 팔행시

이 또한 지나가리라

이　이 또한 지나가리라

또　또 이 또한 지나가리라

한　한 번 더 이 또한 지나가리라

지　지금과 같은 현실이 또한

나　나락과 같은 현실이 또한

가　가상과 같은 현실이 또한

리　리라꽃 같은 현실이 또한

라　라일락꽃 같은 현실이 또한

* 솔로몬 지혜, 다윗王의 반지 격언
* This too shall pass away.
* 시역과의 是亦過矣

나운도 오단전자올겐

나 나는
운 운이 좋아
도 도를 닦았다 전자올겐으로

오 오로지
단 단순무식하게
전 전반적인 노랫말을
자 자식 다루듯이
올 올렸다 내렸다
겐 겐찮게 부르시네유

―― 詩
―― 십행시

우중필주(雨中必酒)

1956 비 내리는 호남선 손인호

1962 비 내리는 고모령 배호

1963 비 내리는 경부선 배호

1963 우중의 여인 오기택

1966 초우 패티킴

1972 빗속의 여인들 정훈희

1975 빗속을 둘이서 투 에이스

1975 어제 내린 비 윤형주

1976 빗물 채은옥

1985 비 내리는 영동교 주현미

* 雨中必酒: 비가 오면 그리운 지인과 반드시 술한잔 해야한다.
　　　　　(밤비가 만든 사자성어입니다)

詩 ——
십행시 ——

사이트에 연결할 수 없음

사 사람끼리
이 이렇게 비즈니스를 소화 못해
트 트림을 하고
에 에이씨 하면서 엉뚱한
연 연상을 하면서
결 결국 상대방과 불필요한 언쟁
할 할배 같은 말장난으로
수 수백명 톡방 비즈니스 파트너와
없 없어도 너무 없는 몰상식으로
음 음지의 인간이 되지 말고 성공합시다 ㅎㅎ

—— 詩
—— 십이행시

화투열두달

1월 송학, 소나무/학(두루미)
2월 매조, 매화/꾀꼬리(섬휘파람새)
3월 벚꽃, 벚꽃(사쿠라)
4월 등나무, 등나무(흑싸리)/두견새
5월 난초, 붓꽃(난, 창포)
6월 모란, 모란

7월 홍싸리, 싸리/멧돼지
8월 공산, 억새밭 보름달 산/기러기
9월 국화, 목화(국화) 9月 9日 국화주
10월 단풍, 단풍/숫사슴
11월 오동, 오동(똥광)/봉황새
12월 비, 선비갓 비/저승

행복하루하루
詩作
365

"생활시, 하루하루 행복詩作이요,
행복始作이다."

Canal Grande(provisional title), Layers(Nickname), (USA)

6

詩酒友 관련어록

詩 관련 어록

"발명가는 상상력이 필요하기 때문에 시인이 되어야 한다." 〈에디슨〉

"생각이 막힐 때 詩를 읽으면, 아이디어가 샘 솟는다."
〈스티브 잡스〉

"새의 날개와 꼬리를 본떠 그린 설계도가 비행기를 만드는 기초가 되었다." 〈레오나르도 다빈치〉

「4차 산업혁명과 시적 상상력」 강의 제목
"시적 상상력이 창의력의 도구다."
"사물과 소통하려면 사물의 마음을 읽어야 합니다. 사물의 마음을 읽는 것이 바로 시적사고이고, 동심의 세계입니다." 〈황인원/시인, 문화경영연구원장〉

"생활시, 하루하루 행복詩作이요, 행복始作이다."
〈밤비, 박영식〉

"고요한 절(寺)에서 나누는 절제된 말씀(言)이 시(詩)이다."

酒 관련 어록

'망우물(忘憂物)' 시름을 잊게 하는 물건 〈도연명〉

'백약지장(百藥之長)' 모든 약 중에서 제일가는 것
〈중국, 한서 식화지〉

'조시구 소수추(釣詩鉤 掃愁帚)' 시를 건지는 낚싯바늘이며, 시름을 쓸어내리는 빗자루다. 〈소동파〉

계영배(戒盈杯) 술을 많이 마시는 것을 경계하기 위하여 만든 잔

"술이란 하늘이 준 아름다운 선물이다. 제왕은 술로 천하를 양생했고 제사를 지내 복을 빌고 쇠약한 자를 돕고 질병을 치료했다. 예를 갖추는 모든 모임에 술이 없으면 안 된다."〈중국, 한서 식화지〉

"술은 처음엔 벗이지만, 나중에 적이 되는 변절자"
〈영국 속담〉

"악마가 너무 바빠, 사람들을 찾아갈 수 없을 때에는 대신 술을 보낸다."〈탈무드〉

6 詩酒友 관련어록 451

友 관련 어록

붕우유신(朋友有信)
벗과 벗 사이의 도리는 믿음에 있음, 五倫의 하나.

죽마고우(竹馬故友)
대나무 말을 타고 놀던 벗, 어릴 때부터 같이 놀며 자란 벗.

막역지우(莫逆之友)
서로 거스름이 없는 친구, 허물이 없이 아주 친한 사이.

수어지교(水魚之交)
물고기와 물의 관계, 아주 친밀하여 떨어질 수 없는 사이.

지란지교(芝蘭之交)
지초와 난초의 교제, 벗 사이의 맑고도 고귀한 사귐.

후생가외(後生可畏)
젊은 후학들을 두려워할 만하다. 〈논어의 자한편〉

편집후기

세 번째 시집을 마감하면서

또 한 권을 열심히 마감했다.
모두 어려운 요즈음 출판비용을 세속스레 걱정하면서 읊어 본다.

전(錢)이,
부처님보다 예수님보다 자존심보다, 거시기하도다.
전(錢)이,
누가 뭐래도 모든 걸 해결해주고 모든 능력을 주는, 전지전능(錢知錢能)이로다.

밤비 너의 시풍은?
순수하기도 인간적이기도 직설적이기도,
바보스럽기도 왕따스럽기도 하다.
슬프기도 해학적이기도 피해망상적이기도,
다소 우회적이기도 하다.

이 많은 생활시를 접해 줘서 감사합니다.

〈붙임〉
찾아보기

001 – 100

001. 삶의 여정	20
002. 내고향 대전	21
003. 내나이 노말(老末)	22
004. 내가 사는 법, 칠법	23
005. 김이박(金李朴)	24
006. 33人 酒立宣言書	25
007. 이심전심 회통융합	26
008. 예지몽(豫知夢)	27
009. 쏘 쏘	28
010. 새로움을 위하여	29
011. 왕버들 아래서	30
012. 시통소통(詩通疏通) 공간	31
013. 생활시꾼 '詩라쓰니'	32
014. 사과와 토마토	33
015. 묵언정진	34
016. 화양연화(花樣年華)	35
017. 나 자신의 소야곡	36
018. 대청호	37
019. 출렁다리	38
020. 세월소풍	40
021. 해우소	41
022. 세월 봄내음	42
023. 우중필주	43
024. 평생 위풍당당	44
025. 숫사자 갈기처럼	45
026. 최고경영자(CEO)의 고독	46
027. 인성(人性) 9단계	47
028. 죽을 똥 살 똥	48
029. 화통소통(畵通疏通)	49
030. '인생 뭐 있어' 뜻 풀이	50
031. 물불안가리는집	52
032. 삼십오년 어둑새벽을	53
033. 남성의 편에 서서	54
034. 정좌(正坐)	55
035. 청승	56
036. 그래도 아직은 살 맛나죠	57
037. 다사다난	58
038. 청춘	59
039. 기다림의 허(虛)	60
040. 경험이력서	61
041. 빠짐, 차라리	62
042. 바느질을 기다리는 남자	63
043. 술 다스림	64
044. 컷	65
045. 한 구절 자아적 해석	66
046. 리듬공부, 인생공부	67
047. 싸나이 거래	68

048. 지금 내 심정	69
049. 파천황	70
050. 생략과 소통	71
051. 만물의 죄인	72
052. 변화에 도전	73
053. 야래향에 취하면서	74
054. 야릇 버릇	76
055. 우멍거지 확대해석	77
056. 고달픈 방외지사	78
057. 나의 울림, 목소리	79
058. 진검승부 인생	80
059. 계단족	81
060. 그리움	82
061. 시두(詩頭)	83
062. 반성	84
063. 나답게	85
064. 말귀	86
065. 모후산(母后山)	87
066. 확실	88
067. 힘들고 어려운 것	89
068. 억지 별칭 10호	90
069. 늙으면 헛되도다	92
070. 엉뚱한 배려	93
071. 술의 궤적	94
072. 횟집	96
073. 인공지능에게	97
074. 아무 일 없는 양	98
075. 넓히고 아껴라	99
076. 명징(明澄)의 잣대	100
077. 더라	101
078. 순수 정서(情緖)마음	102
079. 가까운 듯, 먼 당신	103
080. 초여름 주룩비	104
081. 시민특강	105
082. 희게 밝게	106
083. 곧 그 사람	107
084. 돌고 도는 돈인데	108
085. 자승자박 그리움	109
086. 어느 덧없는 마감에	110
087. 긴 여운	112
088. 마음의 널빈지를 화알짝	113
089. 외로움과 어리석음	114
090. 시공일심(時空一心)	115
091. 실유카	116
092. 유토피아	117
093. 술이술이 마술이	118
094. 외로움에 대한 고찰	119
095. 연(蓮) 선생님	120
096. 고귀한 청아	122
097. 해달의 날갯짓	124
098. 사람 찾아	125
099. 카르페 디엠	126
100. 나도 두루뭉술 살 수도	127

101 – 200

101. 또 다른 절기맞이	130
102. 진공묘유	131

103. 둥글둥글 갈무리	132	
104. 새희망의 버팀목	133	
105. 그렇게 되어간다	134	
106. 규칙적 생활이려니	135	
107. 닻과 돛, 숯과 윷	136	
108. 택배왕국의 왕노릇	137	
109. 다섯게 그 별로	138	
110. 코로나 보너스 백신 아침술	139	
111. 희망이 건강이다	140	
112. 겹가치	141	
113. 길상지지 황악산	142	
114. 미사용 성공인자	143	
115. 오클랜드 미션베이 WWRF	144	
116. 눈빛	145	
117. 인간이기에	146	
118. 있음과 편함	147	
119. 119에 실려갔어요	148	
120. 육십 문턱 단상	149	
121. 어찌 잊으랴	150	
122. 오후반이고 싶어라	152	
123. 계란숫자와 나	153	
124. 착각과 적응	154	
125. 나무아미타불	155	
126. 이목구비	156	
127. 바라는 꿈	157	
128. 달항아리 포근함을	158	
129. 찜질	159	
130. 심(心)	160	
131. 온통	161	
132. 비움	162	
133. 응가	163	
134. 여년 어찌할꼬	164	
135. 그리운 베사메 무쵸	165	
136. 화성에서 온 남자, 금성에서 온 여자	166	
137. 아침단상	167	
138. 상고대	168	
139. 얼쑤	169	
140. 몸부림	170	
141. 낡은 신발	171	
142. 설날	172	
143. 서른여섯 여인과 살고파	174	
144. 갈 곳이 없네	175	
145. 111心 3不	176	
146. 신박타령	177	
147. 추억 속으로	178	
148. 인생제2막, 내와 맛의 변신	180	
149. 긴 여행의 길목에서	181	
150. 테미별곡	182	
151. 도인식 회갑자리에서	183	
152. 내 몸뚱어리와 대화	184	
153. 삶과 잠	185	
154. 속보, 백세 마름질	186	
155. 오욕 상관관계	187	
156. 문득 두바이 여행추억	188	
157. 그래도 반반하게	189	
158. 돈 조반니	190	
159. 그날 정리	191	
160. 테미별장 한여름 휴가	192	

161. 알 수 없어요	193
162. 엄마의 간단명료 어록	194
163. 어느 날 꿈길 엄니훈요십조	195
164. 백천한백	196
165. 살짝	197
166. 여정	198
167. 여여(如如)로운 삶의 약속	199
168. 내 자랑	200
169. 기분 좋은 마지막 잔	201
170. 감사하라	202
171. 국악 입문에 즈음하여	203
172. 지팡이	204
173. 버려진 뒤 찾은 자아	206
174. 주다음수 우리인생	207
175. 아이러니	208
176. 반성문 변천사	209
177. 지혜로운 삶	210
178. 여러번 태어났습니다	211
179. 일일요일	212
180. 이맛돌	213
181. 세상 까꿍	214
182. 트롯에 빠지다	215
183. 사랑타령	216
184. 쐬주 십력	217
185. 단계별 시간 4등분	218
186. 말장난 글장난	220
187. 관계 정리 힌트	221
188. 마음근육강화	222
189. 남천(南天)	223
190. 추석 만남 청포도	224
191. 훈아 형, 컨닝	225
192. 엉뚱	226
193. 해학적 욕과 여과	227
194. 한글날 홀짝파빨 왕과의 약속	228
195. 기왕지사 여성상위	229
196. 아기부처와 돌연못	230
197. 어쩌면 의무	232
198. 칠흥(七興)	233
199. 내코털 내자존심 지킴이	234
200. 무(無)	235

201 - 300

201. 어느 맛난식당 글귀만남	238
202. 행복협의회 자격증과 인증서	239
203. 인생노래 번안(飜案)	240
204. 쭈욱 같음과 다름	241
205. 행복의 본질, 극기	242
206. 애씁시다	243
207. 첫눈으로부터	244
208. 새판짜기 아우성	245
209. 임상시험	246
210. 요즘일기	247
211. 백세 지킴이	248
212. 역발상과 척	249
213. 인생 거기가 거기	250
214. 그릇된 가르침	252
215. 무지개 찾아 향기 찾아 오늘도	253

216. 오공오평	254	245. 다랭이라도 층층이 285
217. 삼합(三合) 백년해로(百年偕老)	255	246. 마늘 쑥 286
218. '밤비'와'푸른솔'	256	247. 떡 안팎 287
219. 어거지	257	248. 삶의 무게중심, 나 288
220. 부러운 일상	258	249. 그려보자 289
221. 자리타령	259	250. 순간순간 290
222. 어느 인간관계	260	251. 여여요요(如如了了) 291
223. 이래 저래	261	252. 우리꺼 수묵담채화(水墨淡彩畵) 292
224. 온통 가을걷이	262	253. 돈궤와 뒤주처럼 293
225. 63세월빌딩	264	254. 당분간 시콕하련다 294
226. 깔곰	265	255. 저 너머 4대인생역 295
227. 스카우터scouter	266	256. 덕후 296
228. 개성 배려	267	257. '아침'선물박두, 그러나 298
229. 백세 곱빼기 비법	268	258. 볼거리 맛거리 삼천리금수강산 299
230. 보아요	269	259. 빵빵하게 삽시다 300
231. 얼레빗과 우리조상 멋	270	260. 모태신앙 301
232. 얼레빗 하루그림	271	261. 어찌하오리까 302
233. 행복바이러스 전파	272	262. 행복나무 추수 303
234. 삼위일체 가을단풍	273	263. 기껏더십년(年) 304
235. 단계단계 딴딴	274	264. 맞춤 305
236. 새기고 새기라	275	265. 사랑 본보기 306
237. 가훈(家訓)과 생활신조(生活信條)	276	266. 선악과(善惡果) 307
238. 자장가 콘서트	277	267. 이승저승약속 삼법칙 308
239. '심우도' 尋牛圖와 견주다	278	268. 인생황금기로 앎 309
240. 마지막 종소리	279	269. 참외로움 310
241. 단상(斷想)과 장고(長考)	280	270. 새싹으로 311
242. 인생레시피	281	271. 어느 날 숫자적 의미 312
243. 친구이자 님이시여 신이시여	282	272. 열여덟, 젠장 313
244. 쓰고 벗고	284	273. 술안주 18 314

274.	18 다산	316		301.	시간 세월 그리고 인생	350
275.	동업열차 18	317		302.	숭어리	351
276.	朴李林宋박이임송 18	318		303.	싶소이다	352
277.	18자리이동	320		304.	빈잔의 미래	353
278.	인생대학세개졸업 후	322		305.	다섯 벌레	354
279.	몸세탁 마음빨래	323		306.	르르르 푹잠	355
280.	테스레스데스우스형 되새김	324		307.	'두려워 말라' 유배유랑을	356
281.	인생오행 신작로	325		308.	심마니심 마음심	357
282.	'시절 인연'의 시작	326		309.	점 하나 차이로다	358
283.	시절인연	328		310.	Solo	359
284.	옆에 곁에	329		311.	그래도 파란만장	360
285.	감고 감는다	330		312.	오우아 오애아	361
286.	세상 삼화	331		313.	곳	362
287.	있음	332		314.	팔향기와 주님향기	363
288.	대전천 목척교	333		315.	거기 간다	364
289.	자연은 살아있네	334		316.	가당찮은 삽질	365
290.	그나마 온기를	336		317.	삶	366
291.	현대판 노마드	337		318.	새힘 새봄에 봅시다	368
292.	젊은이들이여	338		319.	명품준비	369
293.	나뿐이겠노	339		320.	자연스레 살게꼬롬	370
294.	추임새	340		321.	회향	371
295.	때론 애걸복걸	341		322.	울어라 토해내라	372
296.	현실과 가상의 혼돈	342		323.	비껴가라	373
297.	나름 고봉밥 투자	344		324.	강아지풀	374
298.	미래공부합시다	345		325.	동서양 어우름	375
299.	맹인모상(盲人摸象)	346		326.	사려깊은날의 교훈	376
300.	저승저산 이승이산	347		327.	깜이 아닐지라도	377
				328.	칠거지력(七去之力)	378
				329.	갈마(葛馬)	379

301 - 365

330. 12빈 삼박삼외삼처	380	
331. 꿈과 시	381	
332. 시작(詩作)해유	382	
333. 생활시, 하루하루 행복 詩作	383	
334. '꿈의 대화' 詩作 즈음하여	384	
335. 생활 詩作	385	
336. 제2인생 명함안을 구상하면서	386	
337. 일상행복, 누가 뭐래도	388	
338. 메아리 담화문	389	
339. 삼 쌈	390	
340. 버팀이라네	391	
341. 근본을 갈망하다	392	
342. 인간관계 반성문	393	
343. 아지랑이	394	
344. 아름다운 우리말 '어얼엉아'	395	
345. 큼큼 들들	396	
346. 깜냥껏	397	
347. 여름휴가	398	
348. 물거품배	399	
349. 행복호르몬 '엔세멜아도다'	400	
350. 아쉽지만	401	
351. 아리아리 아리송	402	
352. 요즈음 젊은이들	403	
353. 어차피 세파속에서	404	
354. 천지인(天地人)	405	
355. 날려 보냅시다	406	
356. 차츰 깨달음 경지로	407	
357. 팔자성어	408	
358. 말장난 글장난	409	
359. 큰마음 나사랑	410	
360. 씩씩 당당 작작 왕왕	411	
361. 칠십 팔십오	412	
362. 알아차림	413	
363. '23전승무패신화' 나에게	414	
364. 60번뇌	417	
365. 사유(思惟), 나홀로 백발번뇌	420	

밤비 박영식 생활시집

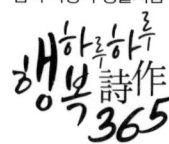

펴낸날 초판 1쇄 2023년 2월 28일

지은이 _ 박영식
펴낸이 _ 이영옥
편집인 _ 최윤지
펴낸곳 _ 도서출판 이든북

주　　소 _ (34625) 대전광역시 동구 중앙로193번길 73
대표전화 _ 042-222-2536
팩시밀리 _ 042-222-2530
전자우편 _ eden-book@daum.net
공 급 처 _ 한국출판협동조합
주문전화 _ (02)716-5616
팩시밀리 _ (031)944-8234~6

ⓒ박영식, 2023
ISBN 979-11-6701-218-0 (03810)
값 23,500원